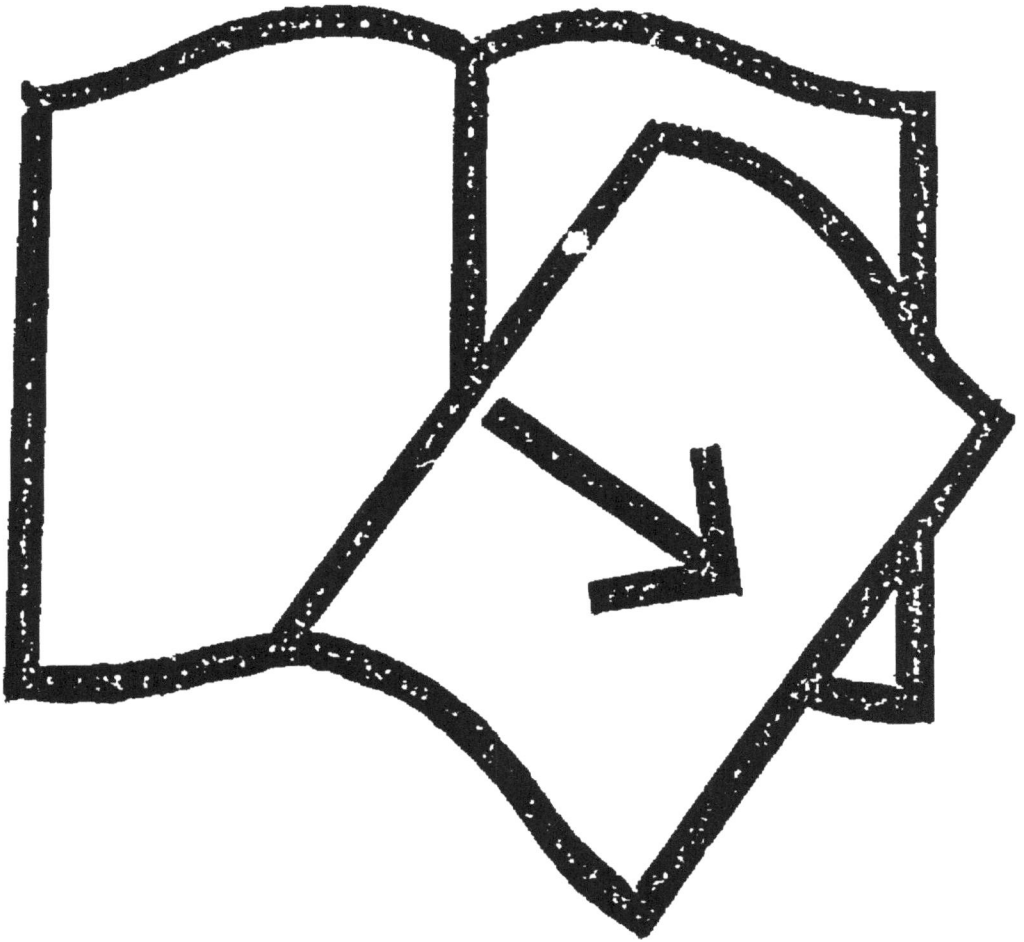

Couvertures supérieure et inférieure
manquantes

L'ART D'ÊTRE HEUREUX

SCEAUX — IMPRIMERIE CHARAIRE ET FILS

L'ART
D'ÊTRE HEUREUX

CAUSERIES

PAR

CH. RABOURDIN

PARIS
LIBRAIRIE CH. DELAGRAVE
15, RUE SOUFFLOT, 15

1881

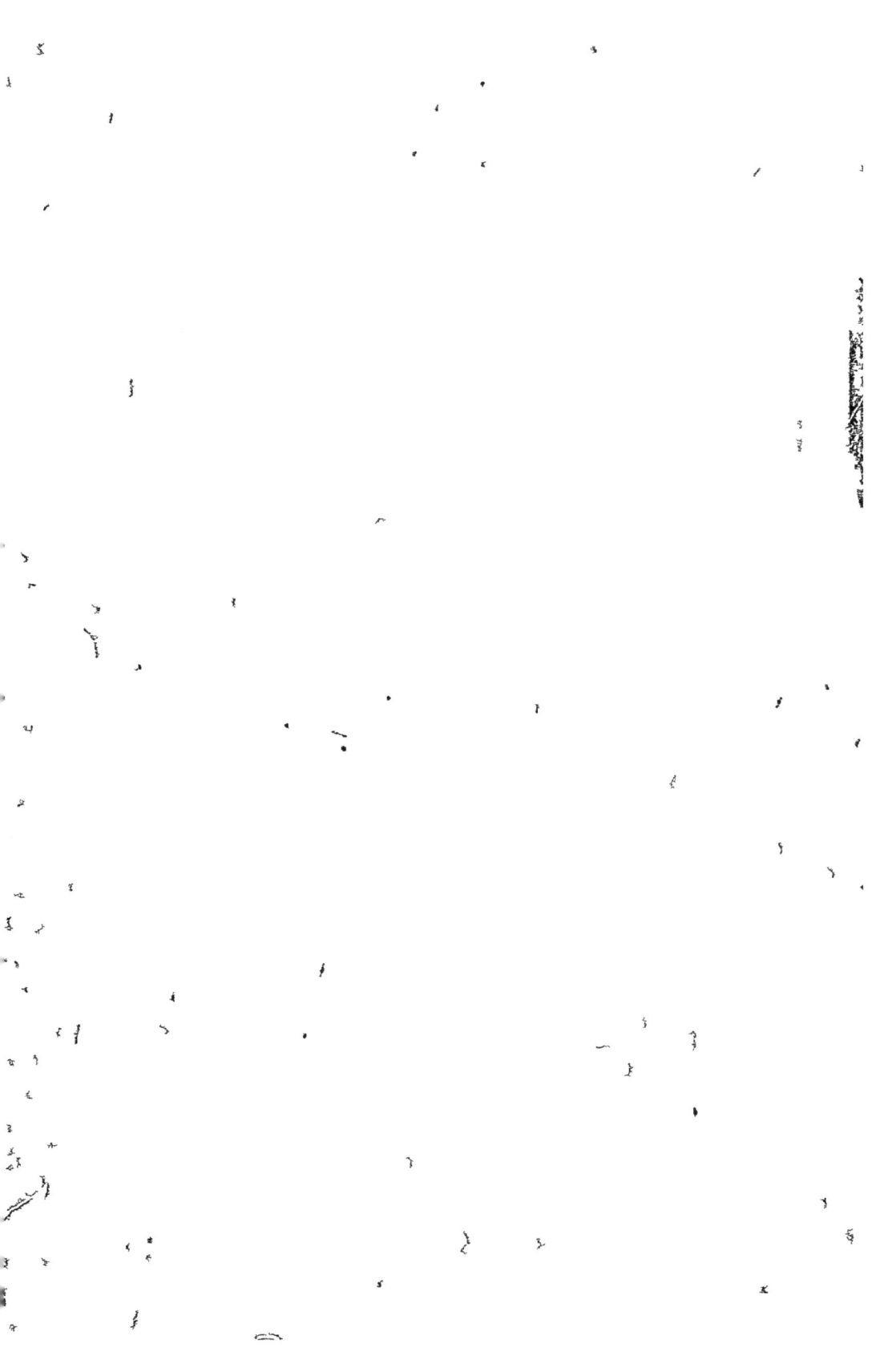

L'ART D'ÊTRE HEUREUX

CHAPITRE PREMIER

Il est une chose ici-bas que les humains, grands et petits, passent leur vie a rechercher, pour laquelle ils se croient créés, et que bien peu cependant parviennent a posséder : c'est le bonheur. Est-il donc si insaisissable? non assurément, mais nous le cherchons d'ordinaire où il n'est pas, et quand par hasard il vient à nous, de lui-même, le plus souvent nous le laissons s'échapper

Le plus grand nombre croit le trouver dans la fortune, dans le plaisir, dans les honneurs; quelques-uns, au contraire, le recherchent dans une vie paisible, bien comprise, et dans un échange d'affections Ces derniers sont évidemment les plus sages, ou du moins, de ces divers moyens, c'est le leur qui me semble préférable. Mais il convient de dire tout de suite que jamais le bonheur n'est complet, ni durable,

1

qu'en un mot il n'existe pas comme nous le rêvons;
en effet :

La *fortune*. — Suffit-il de la posséder pour être
heureux? non. Elle procure sans doute quelque bien-
être, mais tout dans la nature étant relatif, il arrive
un moment où le riche est tellement habitué aux
jouissances matérielles qu'il ne les sent plus; il s'in-
génie à en chercher de nouvelles dont il se lasse
également, et ne sait bientôt plus où en trouver. Les
plats succulents et variés qu'on lui sert ne disent plus
rien à son palais blasé! Le luxe de ses appartements
ne flatte plus son orgueil; ses jouissances sont moins
vives et moins naturelles que celles qu'éprouve
l'homme des champs, par exemple, en mangeant
son pain bis, ou en goûtant, sous son modeste chaume,
après un rude labeur au grand air, une quiétude
d'esprit, un sommeil bienfaisant que le mondain,
dans son existence fiévreuse, passionnée, ne con-
naîtra jamais.

Celui-ci, malgré les soins délicats qu'il prodigue
à sa personne, et qui souvent lui sont plus nuisibles
qu'utiles, souffre d'un mal cruel qu'engendre fatale-
ment la mollesse, et qu'on appelle l'ennui

Il n'aura jamais la force, la santé ni la franche
gaieté de l'homme qui travaille et qui vit simplement

Regardez cet opulent qui passe mollement étendu
dans un élégant coupé, attelé de chevaux fringants,
que conduit un cocher couvert, comme son maître,

de fourrures de la tête aux pieds. C'est le fils dégé-
néré d'un grand industriel : son père s'est tué au
travail, lui n'a jamais rien fait. Examinez-le bien,
vous qui lui portez envie ; voyez ce visage de glace,
ce front soucieux ; vous croyez que cet homme est
heureux avec sa fortune ? erreur ! Il l'est moins que
vous peut-être, qui soufflez dans vos doigts pour les
réchauffer ; il ne sait comment passer son temps. En
ce moment il va au bois chercher un peu de distrac-
tion : il fuit son intérieur parce qu'il s'y ennuie ; il
ne rentrera qu'à l'heure du repas ; madame en fait
probablement autant de son côté.

— Ceci n'est pas, bien entendu, un procès intenté
à la classe aisée ; on y rencontre, Dieu merci, de
nobles cœurs, de beaux caractères : je me sers seulement d'un de ses types pour démontrer que l'argent
seul ne fait pas le bonheur.

Le laboureur, au contraire, quand il quitte au
soleil levant sa chaumière pour le sillon, chante sur
la route, et paraît plus heureux, assis nonchalamment
sur son lourd perchéron qui traîne la herse ou la
charrue, que ne l'est un roi sur son trône. Ne l'est-il
pas plus, en effet ? Il ne connaît ni l'intrigue ni la
flatterie ; il n'a pas besoin de diplomates pour envoyer
dire à d'autres ce qu'il pense ; et ne voit d'autres points
noirs à l'horizon que le nuage désiré qui arrosera
ses moissons. Il aspire l'air vivifiant du matin, se
sent libre comme cet air au milieu de la plaine im-

mense, et n'appréhende ni le poignard de Ravaillac ni les bombes Orsini. La seule créature qu'il rencontrera, c'est l'alouette, qui, elle aussi, est matinale et qui, comme lui, commence la journée en chantant!

Quant aux douleurs physiques et morales, aux épreuves dont la vie est semée, la condition de fortune n'y fait rien, elles existent pour les uns comme pour les autres.

Les *honneurs*. — Prenez garde, vous qui les recherchez. La roche Tarpéienne n'est pas loin du Capitole. Le sentier qui conduit aux honneurs est glissant comme un mât de cocagne, et plus d'un ambitieux en est redescendu plus vite qu'il n'y était monté. Quant à s'y maintenir si l'on a pu le gravir, ce n'est pas non plus chose facile. Celui qui recherche le bonheur de ce côté fait donc fausse route. Les honneurs ont encore ceci de particulier, c'est que, plus on en a, plus on en veut; or, qui n'est jamais satisfait n'est jamais heureux.

Le *plaisir*. — C'est une ironie. On le prend pour le bonheur, il n'en est que le mirage. C'est de lui précisément que nous viennent nos plus amères déceptions, méfions-nous de cette rose enivrante dont le parfum est souvent mortel. Nous recherchons tous le plaisir à l'âge où la fougue des passions nous entraîne et nous lance étourdis, dans le tourbillon mondain où tout nous apparaît sous des couleurs riantes, et où nous croyons ne trouver que des délices. Combien de

temps a-t-il duré? Comment nous en sommes-nous
retirés? N'est-il pas vrai que sa durée a été courte,
qu'il n'a pas été sans mélange de déceptions, et que
plus on s'y est adonné, plus l'existence devient in-
supportable par des regrets, sinon des remords, à
l'heure où la jeunesse et la beauté ont disparu, et que,
cloué dans un fauteuil, on compte les brèches qu'il a
faites à la santé?

Mais alors, dira-t-on, où trouver le bonheur? Je
répondrai : dans le repos de sa conscience, dans
l'accomplissement de ses devoirs, dans une existence
bien comprise moralement et matériellement. Or,
selon moi, bien comprendre l'existence moralement,
c'est :

— Prendre bravement son parti des maux et des
contretemps qui nous arrivent, et Dieu sait s'ils sont
nombreux !

— Maîtriser son amour-propre. Quand il est exces-
sif, notre repos n'a pas de plus grand ennemi.

— Faire le plus de bien possible à son semblable.
Rien ne réjouit le cœur comme une bonne action. (Il
faut bien se garder, par exemple, de compter sur la
reconnaissance, ce serait se préparer plus d'une dé-
ception).

— Aimer et être aimé. On cherche quelquefois
longtemps avant d'arriver à bien placer son affection,
mais si l'on y parvient, rien ne contribue autant à
rendre la vie agréable.

— Être plus sensible au mal qu'on fait qu'à celui dont on est victime; c'est le moyen de vivre en paix avec son prochain et de mériter quand même son estime, sans préjudice pour la dignité.

Ces moyens ne sont pas les seuls auxquels nous puissions recourir : il y en a d'autres, mais il est hors de doute que celui qui mettrait ceux-ci en pratique serait bien près d'être heureux.

Quant aux moyens matériels, qui en sont comme le complément, ils dépendent beaucoup de notre intelligence; c'est à nous de savoir tirer habilement parti de nos facultés, de nos ressources, et de nous créer un genre de vie qui soit en rapport avec nos goûts, notre tempérament et notre position de fortune.

CHAPITRE II.

S'il plaît à Dieu de me conserver une santé pas-
sable, voici comment j'entends vivre quand sonnera
pour moi l'heure de prendre un peu de repos.

Je chercherai, non loin de Paris dont je ne m'éloi-
gnerai jamais beaucoup, car c'est un foyer d'intelligence, d'activité et de progrès, auquel il est toujours
bon de venir se retremper de temps en temps, je
chercherai, dis-je un petit ermitage sur une de ces
riantes collines qui bordent la Seine, à peu de distance de la forêt de Fontainebleau, et d'où la vue
s'étend sur un horizon vaste et enchanteur. Ma
maisonnette sera simple, mais de bon goût et bien
distribuée. Je tiens à ce qu'elle soit blanche, avec une
toiture rouge et des volets verts. Sur le devant, une
pelouse émaillée de fleurs charmera la vue; et la
façade sera ornée d'une glycine et de roses grim-
pantes dont le parfum pénétrera jusque dans l'inté-

rieur de la maison. Sur les côtés, les murs seront
entièrement dissimulés sous un lierre vigoureux, en-
tremêlé de vigne vierge; cette dernière plante est si
belle en automne! Placé derrière la maison le jardin
sera planté de vignes, d'arbres fruitiers, et j'y culti-
verai aussi les légumes les plus usuels : à son extrémité, j'aurai un champ de sainfoin qui ressemblera
en mai à un immense bouquet de fleurs, et d'où je
tirerai en juillet le fourrage pour mon cheval, car
j'aurai un cheval; pas un gros, je ne les aime pas
ainsi; mais un de ces petits chevaux de la race de
Tarbes, qui sont généralement très doux, et dont les
formes, sans être de la dernière élégance, sont cor-
rectes et délicates. Mon coursier sera pour moi un ami
dont j'aurai le plus grand soin. J'ornerai sa tête d'un
nœud de ruban aux couleurs de celle que j'aime; je
le sellerai moi-même, et à chaque belle matinée
j'irai chevaucher à travers les prairies embaumées
qui bordent le fleuve, ou faire mon tour de forêt;
mon chien, une bonne bête que j'aurai dressée de
mon mieux, ne nous quitterait pas. Ah! comme je me
trouverai bien, avec ces deux amis, loin d'un monde
trompeur et de la politique enivrante, sous les vieilles
et gigantesques futaies qui ont vu Henri IV, les brillantes cavalcades de la cour de France, et sous lesquelles ont retenti cent fois le son du cor et les aboie-
ments des meutes royales. Quelle délicieuse solitude
au moment où le soleil levant infiltre progressive-

mont ses rayons vermeils à travers les branches des chênes, et transforme en diamant chaque goutte de rosée; à cette heure enfin où l'on n'entend d'autre bruit que le roucoulement de la tourterelle et le gazouillement des petits oiseaux qui saluent Dieu et l'aurore!

Après m'être enivré de ce spectacle, et avoir respiré à pleins poumons l'air pur du matin, je reviendrai déjeuner en famille, rapporter aux miens mes douces et poétiques impressions, et leur communiquer un appétit que je ne pourrai manquer de gagner dans mes promenades.

En temps ordinaire, nos repas seront frugals, mais bien ordonnés; les jours de gala, par exemple, rien ne sera négligé pour que mes convives soient satisfaits.

J'aimerai à voir figurer sur ma table les produits de ma basse-cour et de mon jardin: nul n'ignore que tout ce qu'on a élevé, ou cultivé soi-même, semble bien meilleur que ce qu'on achète. Ce n'est pas toujours exact, mais notre amour-propre le veut ainsi, et l'on perdrait son temps à vouloir nous prouver le contraire.

La basse-cour, en dehors de ce qu'elle produit, est encore une des grandes distractions de la campagne.

Je ne connais rien de plus charmant que ces pigeons de toutes nuances, qui volligent autour de nous, et font leur pantomime sous nos fenêtres, ou au bord du toit, sans s'inquiéter de ce qui se passe autour d'eux, tant ils sont à leurs amours.

Et ce coq, au plumage multicolore, à la démarche hautaine, qui tantôt semble un voluptueux pacha au milieu de son sérail, et tantôt un gladiateur tout prêt à rompre une lance avec l'audacieux qui..... Quelles bonnes et belles créatures aussi que ces petites poules, accourant à notre voix, et qui, rangées en cercle, prennent jusque dans notre main des graines qu'elles nous rendent plus tard en œufs frais? Qu'elles sont surtout intéressantes quand elles deviennent mères de famille, et que leurs poussins au moindre danger viennent se réfugier sous leurs ailes, comme une troupe trop faible sous les remparts d'une forteresse! Qui n'aime à voir aussi dans les ajoncs qui bordent le fleuve, ou sur la mare voisine, ses canards prenant joyeusement leurs ébats, plongeant à tous moments, et qui, a la plus petite alerte, partent comme une flotille en lançant dans l'air leur note nasillarde que B..... l'éminent professeur du Conservatoire, ne pouvait entendre sans tomber en syncope, et dont une diva populaire a trouvé le moyen de se faire un succès.

Le chef de la troupe marche en avant, donne la direction, on dirait le vaisseau amiral. Au soleil couchant ils gagnent paisiblement le gîte, annonçant, en passant devant la maison, leur retour par un refrain, et faisant, en entrant dans la cour, un mouvement oblique pour éviter les coups de cornes de la chèvre qui, attachée à une longue corde, fait des cabrioles en les regardant défiler.

La vie à la campagne a un grand charme pour celui qui la comprend et sait tirer parti des agréments qu'elle procure.

CHAPITRE III

Une de mes distractions favorites sera la pêche ;
non comme on la comprend à Paris, où l'on voit le
dimanche jusqu'à trente ou quarante fanatiques, per-
chés côte à côte sur un même bateau, et se disputant
un malheureux goujon que le hasard amène dans leurs
eaux. Je ne puis m'empêcher de rire chaque fois que
je vois cette armée de tirailleurs silencieux, attentifs,
convaincus. C'est là un côté curieux du caractère français. Où ce peuple nerveux, turbulent, va-t-il chercher à ce moment là une patience que rien ne lasse ?
Qui expliquera cela ? . Il n'y a pas en effet d'Anglais,
d'Allemand, ni de Russe, capable de lutter alors de
patience avec lui. Le Français le plus distrait, le plus
léger, devient, quand il tient une ligne entre les mains,
un homme froid et sérieux. Que le passant l'accable
de quolibets, qu'il grille au soleil de juin ou qu'il gre-
lotte en hiver, les pieds dans l'eau jusqu'à la che-

ville, peu lui importe; il ne le sent pas; il est tout entier à ce petit bouchon de liège, messager d'espérance, dont la moindre oscillation le fait pâlir.

Mais si je ne comprends pas la pêche dans une ville, à la campagne, au contraire, je lui trouve beaucoup d'attrait Le poisson y est moins effrayé, plus abondant et meilleur. L'eau est plus limpide, les rives sont embaumées, le paysage est gai et l'on n'est gêné par personne.

On peut aussi mieux choisir ses endroits, surtout si l'on possède un canot; or, j'en aurai un, léger, coquet, et qui portera je sais bien quel nom! J'irai selon le temps et la saison guerroyer contre chaque espèce de poisson; ici, le barbillon qui aime l'eau vive et l'écume argentée des cascades; là, le goujon qui se joue à peu de profondeur sur le sable fin. Je serai impitoyable pour le brochet et la perche, ces tyrans des rivières. Je pêcherai aussi, dans l'eau dormante et profonde, la carpe, la tanche et le gardon J'attendrai silencieusement, en société de mon excellente compagne et de mon fidèle Sultan, que quelque innocente victime vienne se faire prendre à mon amorce trompeuse. Je ne ferai pas de grâce non plus, aux écrevisses car cette pêche est amusante et productive quand l'endroit est bien choisi. On est tout fier de montrer à ses amis un buisson écarlate d'écrevisses qu'on a prises soi-même; ça fait bien sur la table et l'on n'oublie jamais de dire Ah! si vous aviez vu celles que j'ai manquées, c'était bien autre chose!... car tout le monde sait que, pour tout pêcheur, le poisson manqué est toujours un phénomène de grosseur.

L'eau ajoute un grand charme au séjour de la campagne. Un paysage sans eau sera toujours pour moi un tableau incomplet. L'aspect d'une rivière est si varié! Comme la femme, la coquette aime à changer de toilette. Le matin, c'est une belle vaporeuse qui se cache au regard sous un tissu fin et blanchâtre, sorte de voie lactée que dissipent peu à peu les rayons du soleil levant; elle produit alors, avec les saules qui la bordent et les sombres collines qui l'encadrent, un de ces effets vaporeux que Corot savait si bien rendre. Un peu plus tard elle apparaît dégagée, transparente, sa surface scintille sous le regard de Phébus, son sein est agité, c'est lui qu'elle attendait pour lever le voile léger qui cachait ses charmes et se montrer dans tout l'éclat de sa beauté. Le soir, quand le char lumineux nous a quittés pour un autre hémisphère, elle s'assombrit, mais son onde calme et belle encore devient un miroir où se reflètent l'astre des nuits, les étoiles du firmament, et les ombres géantes des noirs peupliers. Le poète, le rêveur, ne peuvent s'arracher à ce spectacle grandiose, enivrant, bien fait pour grandir l'âme et faire aimer le Créateur.

Mais la belle saison ne dure pas toujours, elle passe, hélas! comme toutes choses ici-bas Bientôt

l'automne arrache aux arbres leurs feuilles jaunies et
en jonche le sol; l'herbe de la prairie se fane sous
un soleil blafard et sans chaleur; les animaux eux-
mêmes sentent cette transition désagréable que Mille-
voye a dépeinte avec des accents si suaves, si plaintifs :

> Le bocage était sans mystere,
> Le rossignol était sans voix

Le mondain jette alors un regard dédaigneux sur
les beaux sites qu'il a précédemment admirés, et rentre à la cité; la campagne n'a plus assez de gaieté
pour lui. Aux grands arbres qui lui ont prêté leur
ombre et aux feuilles desséchées qu'il foule maintenant aux pieds, il préfère les plaisirs bruyants et l'as-
phalte des boulevards.

L'amant de la nature, lui, reste fidèle à sa maî-
tresse et sait encore la trouver belle et majestueuse
malgré les neiges et les frimas.

Mes sorties deviendront plus rares, sans doute,
mais je saurai, en attendant le retour des beaux jours,
me créer d'autres distractions. D'abord n'est-on pas
bien chez soi si la concorde y a sa place, et si l'on a
su disposer son habitation de manière à la rendre
commode et agréable? A la promenade des champs et
des bois je substituerai la promenade dans ma maison. Que dis-je, promenade?... mieux que cela! Si
Xavier de Maistre a pu voyager pendant quarante

jours, et gaiement autour d'une chambre de trente
pieds carrés, quel voyage ne peut-on pas faire dans
une maison tout entière?

Pour certains hommes, la maison est une prison ;
pour moi, au contraire, c'est un petit royaume avec
son roi, sa reine, sa cour et ses sujets. Que de choses
en effet à voir, à passer en revue du nord au sud, de
l'est à l'ouest, de la cave au grenier, de la cour au
jardin ! que de caresses à donner et à recevoir dans
une journée si l'on est entouré de bonnes créatures !
Ah ! que je plains les gens qui s'ennuient chez eux ;
Dieu me préserve d'être jamais de ceux-là !

2

CHAPITRE IV

Voici donc l'affreux hiver qui s'avance à pas de géant avec son cortège habituel de maux et de misères. Il va réveiller les vieilles infirmités qui sommeillaient et en faire naître de nouvelles peut-être, car il en a tout un arsenal, mais, baste! j'attends de pied ferme ce brutal, et vais m'installer de façon à en souffrir le moins possible.

On chercherait en vain le luxe dans mes appartements, car je hais les excès dans tout; d'ailleurs pourquoi vouloir briller, éblouir? peu m'importe qu'on dise de moi : Ah! qu'il a de beaux meubles! j'aime bien mieux qu'on dise Quel excellent homme et comme son commerce est agréable! Je me contenterai d'un petit confortable, mais j'entends que tout autour de moi respire la propreté et l'ordre; ce dernier, pas à l'excès cependant, trop de symétrie jette de la froideur et gêne; un léger laisser-aller, au contraire, a du charme et ajoute à la gaieté. J'aurai évidemment, comme tout bon bourgeois, salle à manger, chambre a coucher, salon, etc.; je tiens surtout à avoir une pièce de prédilection, moitié cabinet de travail, moitié salon, dans laquelle je m'enfermerai souvent avec les intimes, avec ceux pour qui l'on n'a plus de secret et avec qui l'on ne craint pas de revenir à l'abandon du jeune âge Je dresserai dans cette pièce un lit de repos pour y faire ma sieste pendant la période caniculaire; j'y coucherai même l'hiver quand, prolongeant plus que de coutume mes veillées littéraires, je ne jugerai pas à propos de regagner ma chambre à coucher. Je choisirai cette pièce au midi, et ayant vue sur un bel horizon. Je contemplerai de là, sans quitter mon fauteuil, en écartant simplement les rideaux de ma fenêtre, les prairies avec leurs troupeaux, la forêt sur la lisière de laquelle les trains de chemin de fer défilent à toute vapeur, laissant derrière eux une traînée de fumée blanche qui se perd peu a peu dans les sapins verts, l'ensemble enfin des lieux que j'ai l'habitude de parcourir à cheval dans la belle saison; je veux surtout te voir, beau fleuve qu'on appelle la Seine, car je t'aime! C'est sur tes bords que je suis né, c'est sur tes bords que je désire reposer de mon dernier sommeil! Je me rappelle combien j'étais heureux quand, enfant, je poursuivais dans tes prés fleuris le papillon aux ailes d'azur, créature innocente que je mettais à la torture pour la punir de m'avoir fait courir à perdre haleine; ou quand, adolescent, j'interrogeais avec la plus profonde conviction, en l'effeuillant, la gentille marguerite, lui souriant ensuite, ou la rejetant violemment, selon sa réponse. Combien aussi j'aimais à entendre, dans le silence du soir, le bruit cadencé des rames et le chant de tes bateliers! Jeunesse, amour, où êtes-vous? pourquoi avez-vous fui? vous étiez si aimables! Ces souvenirs me sont doux, mais depuis... Hélas! ma Seine, mes yeux ne l'oublieront pas, j'ai vu les hulans sur tes rives! j'ai vu leurs chevaux, les pieds rougis encore du sang de nos soldats, fouler tes myosotis, et souiller la pureté de ton onde!.. Que ne les as-tu engloutis, ces fauves cavaliers! . jusqu'au dernier!...

Je m'aperçois que je me suis laissé entraîner loin de ma chambre, j'y reviens C'est dans cette chambre préférée que je me tiendrai le plus souvent pendant l'hiver; aussi mettrai-je tous mes soins, tout mon savoir à l'approprier à ma convenance et selon ma fantaisie. Ce sera un sanctuaire consacré aux sciences, aux arts et à l'amitié. On n'y verra d'autres meubles que quelques fauteuils, une table-bureau en poirier noirci et sculpté, plusieurs bibliothèques du même bois, des instruments de musique, un grand tapis et des rideaux; mais les murs disparaîtront entièrement sous des panoplies, des gravures et des peintures. Parmi ces dernières seront mes portraits de famille, depuis ma belle trisaïeule en toilette pompadour, portrait

qui m'a été transmis solennellement et avec maintes
recommandations, comme une précieuse relique
jusqu'à ceux des êtres chéris qui partagent et embel-
lissent actuellement mon existence. Qu'il est doux de
vivre en pareille société et de promener de temps en
temps ses regards sur ceux qu'on a le plus aimés et
dont la mort impitoyable nous a séparés. Rien à mon
avis n'est plus propre à entretenir en nous les tradi-
tions d'honneur, de respect et d'amour, qui, avouons-
le donc, disparaissent chaque jour davantage de notre
société en détresse, que minent le phylloxéra politique
et les principes matérialistes.

Oui, êtres chéris qui avez quitté ce monde, votre
place dans mon cœur est toujours la même : je vous
donne, comme à ceux qui me restent, votre part d'affection, et plus d'une fois, pendant les longues soirées
d'hiver, enfermé avec mon chien entre les jambes, et
narguant tous deux, au coin d'un bon feu de sarment,
la bise glacée de décembre qui hurlera au dehors et
fera trembler mes vitres, c'est vers vous que mes
regards et ma pensée se porteront ; je vivrai encore
de votre souvenir, je me rappellerai vos sages leçons et
vous parlerai comme si vous deviez m'entendre ! A toi,
mère tant regrettée, je te dirai : Pourquoi m'as-tu
quitté si tôt ? pourquoi ta tombe était-elle si près de
mon berceau ? toute ma vie s'en est ressentie ! Je n'ai
de toi que des souvenirs lointains et confus, mais une
voix intérieure me dit que tout n'est pas fini entre nous,

et qu'un jour je te reverrai! Cet espoir a été et est
encore une de mes forces. Dans les heures de périls
j'ai levé fièrement la tête, et, regardant la mort en face,
je lui ai dit : Va, je ne te crains pas ! car s'il te plaisait
de m'enlever de ce monde, cela me permettrait de
revoir ma mère dans l'autre !... Suis-je dans le vrai, ou
cet espoir n'est-il qu'une illusion, qu'une chimère ?...
peu importe, illusion ou chimère, je t'ai caressée
pendant toute ma vie, tu m'as fait du bien, reste ! !

CHAPITRE V

Je ne serai pas toujours seul, car si la solitude a pour moi de l'attrait, la société en a aussi, et beaucoup. Par exemple, je sais combien sur ce point il faut être scrupuleux et difficile. Je saurai vivre en bonne intelligence avec tous ceux qui auront des rapports avec moi, je serai à cet égard juste et conciliant : quant au nom sacré d'ami, je ne le donnerai pas au premier venu, ce titre est trop beau pour le prodiguer ; il faudra qu'il soit justifié par des années d'épreuves, par des actes. Loin de moi ces faux amis qui nous flattent servilement et dont le cœur est en contradiction avec les lèvres. Arrière aussi ces amis d'un jour, qui viennent à vous par caprice et vous quittent de même ; arrière surtout ces soi-disant amis des jours prospères, qui ne recherchent que le plaisir, que la table, et qu'on ne retrouve plus dans les jours d'infortune.

J'en dirai autant de ces parents, comme on en a quelquefois, qui nous courtisent pour l'héritage et ne s'informent de notre santé que pour savoir si elle périclite assez vite. Autant je suis avide de caresses vraies et naturelles, autant je hais celles qui sont fausses ou intéressées.

Mes amis, tout comme moi, ne seront pas exempts de défauts : je sais trop que l'imperfection est inhérente à la nature humaine, mais ils seront bons, d'un caractère élevé, de mœurs irréprochables,... ou je n'en aurai pas ! Le comble de mes vœux sur ce point serait d'avoir, au nombre de mes intimes, une de ces femmes d'élite qui savent si bien nous captiver, nous charmer par leur grâce. leur esprit et leur douceur. Il en est qui sont de véritables mentors, d'excellentes conseillères, d'admirables amies, qui, au moindre écart de notre santé sont aussi inquiètes que s'il s'agissait de la leur. Oh! comme je serais dévoué à une telle amie ! comme je la comblerais d'attentions délicates et de respectueuses caresses!

Je rechercherai aussi l'amitié de mon curé, surtout si j'avais la bonne fortune de rencontrer en lui un de ces dignes prêtres, instruit, indulgent et plein de bonhomie comme j'en ai connu, et comme il y en a encore quoi qu'on en dise. J'aurai avec lui de fréquents entretiens sur la philosophie et la religion ; ces causeries, quand elles sont menées avec le calme et la réserve qu'elles comportent, sont agréables et instructives, L'homme a encore tant à chercher avant d'arriver à soulever le voile qui lui cache son origine et sa fin ; il se creusera longtemps encore, et vainement sans doute, le cerveau à sonder ces mystères et tant d'autres qui sont inaccessibles à sa raison. Je serais très honoré de l'amitié de ce ministre de Dieu ; je me montrerais à lui dans toute ma franchise, et prendrais plaisir à lui raconter mes peccadilles du passé, manière d'en alléger ma conscience, et aussi pour qu'il me connaisse mieux. Sa présence à mon chevet dans mes derniers moments en adoucirait les angoisses, et fortifierait ma croyance en une vie meilleure.

Après m'être ainsi créé de bonnes relations et avoir disposé convenablement mon intérieur, je réponds de braver la mauvaise saison et d'attendre patiemment le retour des beaux jours. Je réunirai souvent mes amis et ferai tout pour leur être agréable. Je dois avouer d'ailleurs que je suis d'une extrême faiblesse envers ceux que j'affectionne ; c'est dans ma nature, il me serait difficile de m'en corriger ; je leur souffre tout comme à des enfants gâtés ; quand je dis tout, je me trompe, car lorsqu'il s'agit de choses contraires à leur intérêt, à leur honneur, je ne me fais pas approbateur maladroit, je sais leur résister ; je suis même en pareil cas d'une fermeté inébranlable. Mais quand leur cause est juste, je la prends en main comme mienne et, si les circonstances l'exigeaient, je leur ferais un rempart de mon corps. Mourir pour la patrie ou pour un ami est un sort que j'ai toujours souhaité ; je le trouverais doux et, malgré la douleur, j'expirerais je crois avec le sourire sur les lèvres, tandis que ma fierté se révolte à l'idée seule que je puis, comme le plus grand nombre, mourir tristement dans un lit, d'un mal vulgaire.

CHAPITRE VI

La conversation remplira la plus grande partie
de nos réunions intimes. Je l'attiserai de mon mieux
et veillerai à ce que les sujets soient variés et intéressants. Elle roulera de préférence sur les sciences, les
arts, la littérature; on commentera les nouvelles du
jour, les événements qui ont eu quelque retentisse-
ment dans le passé, les luttes auxquelles nous aurons
été mêlés, etc., etc. Une conversation bien conduite
et bien soutenue entre gens qui se comprennent est
certainement un des plus grands plaisirs de la société.
Elle profite à tous ceux qui y prennent part, forme
l'esprit, le cœur, épure le goût, et donne de la sûreté
au jugement. Quand il y a eu communauté de sentiments et d'idées, quand on a su donner convenablement sa petite note dans le concert, ou été tenu
pendant une soirée sous le charme irrésistible d'une
société spirituelle et aimable, on trouve toujours que

le temps passe trop vite, et l'on se retire content de
soi et des autres.

Mᵐᵉ de Staël dit quelque part que le Français
est, de tous les peuples, celui qui parle le mieux — elle
aurait pu ajouter et le plus. — Tenons-nous-en à sa
déclaration et disons que le Français est en effet bien
doué du côté du langage, il parle avec facilité et
élégance, même sans étude préalable. Son esprit
naturel jaillit parfois comme un éclair qui éblouit
l'auditoire et l'étonne ; aussi est-il regrettable qu'il ne
cultive pas avec plus de soin le don précieux de la
parole ; il n'en tire pas tout le parti désirable, souvent même, hélas ! il en fait un mauvais usage. C'est
d'autant plus fâcheux que la conversation a sur les
mœurs une action considérable ; si elle est élevée,
sensée, elle peut faire beaucoup de bien ; si elle est
opposée à ces qualités, elle peut faire beaucoup de
mal. On sait quelle influence certains salons des XVIIᵉ
et XVIIIᵉ siècles ont eue sur les mœurs et sur la littérature française. C'est dans ces réunions que notre
génie littéraire naissant s'est dépouillé de son âpreté,
qu'il s'est façonné et verni au contact de la délicatesse
et de la grâce féminines L'hôtel de Rambouillet est
resté à cet égard célèbre entre tous ; les plus beaux
esprits, s'y donnant rendez-vous, en ont fait un foyer
intellectuel où l'éloquence, la philosophie et les lettres
ont reçu la plus vive impulsion La conversation elle-
même s'y est élevée à la hauteur d'un art, faisant pro-

gresser avec elle le bon ton et l'urbanité. Ce salon apparaît dans l'histoire comme un phare dont la lumière bienfaisante s'étend au loin sur l'océan humain,

De nos jours il y a encore des salons, mais ils sont sans éclat ni influence ; ce n'est pas que nous manquions de causeurs ni d'érudits, jamais peut être il n'y en eut autant, mais ils sont éparpillés, et surtout divisés d'opinions. D'un autre côté les idées chevaleresques, les choses de l'esprit, ne sont plus de mode, on les laisse de côté comme des vieilleries qui ont fait leur temps. Notre époque a horreur du passé, c'est du neuf qu'il lui faut Il y a pourtant, convenons-en des vieilleries qui ont quelque valeur, qui sont précieuses même, mais le hasard ne veut pas toujours qu'elles tombent entre les mains des connaisseurs. Un brave paysan à qui l'on donnerait à choisir entre une madone de Raphael, et un mauvais tableau fraîchement peint et bariolé de couleurs tranchantes, préférerait à coup sûr ce dernier; il peut en être de même des institutions entre les mains de certains hommes qui ne sont pas nés administrateurs; cependant le neuf ne remplace pas toujours avantageusement le vieux ; vieillesse ne veut pas toujours dire vétusté, usure; ce mot signifie aussi savoir, sagesse, expérience. Le présent est fils du passé, il aura toujours besoin de son père, la flèche élancée et coquette qui couronne le sommet d'une cathédrale existerait-elle sans les fondements qu'on ne voit pas, mais sur lesquels l'édifice tout

entier s'appuie? Le soleil aussi est vieux? ses milliers
d'années d'existence sont-ils un obstacle a sa mission? non, n'est-ce pas? Il nous éclaire et nous chauffe
toujours convenablement, heureusement qu'il est
hors de notre portée, car s'il était saisissable, je ne
serais pas surpris de lire un beau matin dans mon
journal qu'on se propose de le mettre à la retraite
pour ancienneté de service, et qu'il sera remplacé
par une lampe Jablochkoff. C'est plus nouveau, donc
c'est meilleur. N'est-ce pas là l'esprit du jour? ajou-
tons que cet esprit est aussi au mercantilisme et à la
chicane; on est boursier ou politicien, deux manières
de faire son chemin qui se valent, et dans chacune
d'elles les hommes sont partagés en deux camps; les
uns dépensent leur temps et leur intelligence à atta-
quer, et les autres à se défendre; voila le relief de
nos mœurs, et peut il en être autrement dans une
société troublée comme l'est la nôtre par les tempêtes
révolutionnaires ?

La France est en gestation, or, énervée comme elle
l'est par des crises incessantes et aigues, on ne peut
s'empêcher de se demander de quoi et comment cette
géante accouchera. Elle a un corps d'airain, des mus-
cles d'acier; son œil est toujours vif et sa démarche
fière, cependant elle m'inquiète; plus je lui tâte le
pouls, plus je la trouve malade; Dieu! qu'elle aurait
besoin de repos ! Vous ne savez donc pas, vous qui
abusez de ses vertus et de sa force, que, si vigoureux

que soit un tempérament, les gestations trop fré-
quentes et trop laborieuses, l'épuisent et le tuent?...
N'aurez-vous pas enfin pitié de cette chère malade?

C'est la maladie de la France qui a occasionné
celle de la conversation ; la guérison de l'une amène-
rait certainement celle de l'autre.

Chétive créature que je suis, je ne puis, hélas! rien,
ou presque rien pour rendre à mon pays le calme que
je lui souhaite si ardemment; mon action individuelle
n'est pas plus qu'une goutte d'eau dans l'Océan ; je
la jetterai néamoins à l'heure voulue cette goutte d'eau
en soupirant de mon impuissance, et en suppliant le
grand maître des destinées terrestres de se relâcher
de ses rigueurs. Mais je tenterai dans mon humble
sphère de remettre la vraie conversation en honneur.
réussirais-je? J'en doute ; quoi qu'il advienne je saurai
en faire pour mes amis et pour moi un loisir utile et
agréable. Je déclare d'avance que la politique en sera
bannie. Foin de la politique! j'ai horreur de cette
pieuvre dont les gigantesques tentacules étreignent
de plus en plus notre pays, paralysent ses mouvements
et l'empêchent d'arriver au degré de prospérité auquel
il semblait destiné. Oui, je hais la politique, car elle
détruit les bons rapports entre hommes et change
parfois des amis en ennemis ; souple comme un reptile,
elle s'est glissée partout; on la rencontre dans nos
écoles, jusqu'au sein de nos académies, la chaire de
vérité elle-même n'en est plus à l'abri. C'est elle qui

jette le désarroi dans notre société qu'elle désagrège et divise; or la division a pour conséquence la faiblesse, puis la chute. Du train qu'elle va, on se demande jusqu'où elle poussera ses ravages. S'il est impossible d'arrêter ce fléau, ne pourrait-on pas au moins le circonscrire, lui faire sa part comme on la fait au feu dans un incendie? Ses nombreux idolâtres sauront toujours où la retrouver. Mais, de grâce, qu'on lui ferme l'entrée de nos réunions d'amis et de nos salons qu'elle transforme en clubs; nos mœurs y gagneront en douceur et en aménité.

A quoi bon d'ailleurs ces discussions puisqu'on ne parvient jamais à convaincre ses adversaires? loin de là, il semble que plus on discute, moins on s'entend : mieux vaut alors les éviter.

La politique n'influe pas seulement sur le moral, mais encore sur le physique, auquel elle est loin de donner de la grâce. Il est des discoureurs dans ce genre qui, lorsqu'on les contredit, sont dans une agitation extraordinaire; ils deviennent semblables à ces polichinelles dont on met tous les membres en mouvement au moyen d'une ficelle. Si l'on pouvait, à certain moment, leur passer un miroir devant les yeux et qu'ils s'y vissent, l'œil en feu, la face blême, les cheveux et la barbe hérissés, ils se feraient peur à eux-mêmes. Quel contraste entre ces épileptiques et l'orateur sérieux qui débite avec calme, dignité et noblesse un bon et utile discours! Et dire qu'il est bien peu de ces politiciens qui n'aient la prétention de sauver le pays si on voulait les laisser faire, Cela me remet en mémoire le siège de Paris, où il n'y avait pas jusqu'au plus novice dans le métier des armes qui ne se flattât d'avoir en tête un plan préférable à celui du général en chef; à cette époque aussi les sauveurs pullulaient. Je me rappelle qu'un garde de ma compagnie, — un honnête épicier de la rue Saint-Jacques — vint me trouver un jour et, me montrant une petite bouteille qu'il tenait à la main :

— Vous voyez ceci, me dit-il, eh bien, si j'étais gouverneur de Paris, dans quarante-huit heures il n'y aurait plus un seul Prussien sous nos murs.

— Oh! oh!

— Aussi vrai que je suis là devant vous.

— Votre invention est terrible; c'est sans doute quelque chose comme le feu grégeois.

— Vous le saurez plus tard; me conseillez-vous d'aller en entretenir le général Trochu?

— Allez si c'est votre idée, mais auparavant permettez-moi une simple observation. — Que penseriez-vous d'un médecin qui, pour guérir une maladie cutanée, laisserait de côté les préceptes de la science et, enduisant le membre malade d'un liquide inflammable y mettrait le feu? croyez-vous qu'il ferait preuve d'habileté, et... voudriez-vous être le malade?...

J'en fus pour mon discours; mon homme sourit, je ne pus le convaincre.

A quelques jours de là, je l'aperçus aux remparts :

— Eh bien, lui dis-je, avez-vous vu le général Trochu?

— Ah! ne m'en parlez pas, cet homme-là, voyez-vous, s'entend avec les Prussiens, c'est encore un traître comme Bazaine.

— Que vous a-t-il dit?

— Je ne l'ai pas vu, mais j'ai expliqué mon invention à ses officiers, ils se sont regardés en riant, et ils m'ont dit de repasser ; je n'y retournerai pas, vous le pensez bien, car avec des routiniers comme ça il n'y a rien à faire.

J'avoue que j'eus moi-même toutes les peines du monde à conserver mon sang-froid en écoutant ce récit.

Cet homme demeura persuadé que si l'on eût voulu l'écouter, il eût sauvé Paris et la France.

J'avais pensé que, la guerre terminée, cette race de sauveurs disparaîtrait; mais non, ils sont maintenant plus nombreux que jamais ; heureusement que, comme mon épicier de la rue Saint-Jacques, on ne les laisse pas faire. Quand donc nous en viendra-t-il un pour tout de bon!

J'ai dit vertement dans ce chapitre mon fait à la politique, cependant je n'entends pas dire qu'on la laisse absolument de côté; je blâme, au contraire, énergiquement celui qui, n'ayant d'autre souci que son bien-être, reste indifférent aux affaires de son

pays et ne sait pas remplir à l'heure voulue son devoir
de citoyen ; celui-là est coupable, car l'homme ne
doit pas vivre seulement pour lui et sa famille, il a
aussi des obligations à remplir envers la société.
Ma boutade contre la politique m'a été suggérée par
les excès dont elle est cause et par ses empiétements.

CHAPITRE VII

Ah! combien je préfère à la politique une causerie littéraire, ou encore une bonne et saine lecture dont on fait ensuite le commentaire, comme cela se pratique dans beaucoup de familles anglaises.

La musique fait aussi passer d'agréables, soirées. Je ne me lasserai jamais pour ma part d'entendre interpréter, par une voix fraîche et douce, nos belles romances françaises, et les mélodies des grands maîtres de tous les pays. Les arts comme les sciences n'ont pas de frontières ; les produits intellectuels sont du domaine de tous, Dieu merci ; ce sont de véritables traits d'union entre les peuples, car rien ne contribue plus qu'eux à détruire les préjugés, et à cf''cer les mauvais souvenirs laissés par les guerres

Quand je module sur ma flûte la valse de *Freyschutz* ou des motifs de *don Juan*, je ne regarde pas si Weber ou Mozart sont Allemands ; je ne vois en eux que

des maîtres sublimes dont les mélodies m'enivrent,
et je me sens moins de rancune contre leur pays.

Quand donc les peuples n'auront-ils d'autres ri-
valités que celles de se devancer dans la voie du
progrès? Quand rechercheront-ils ensemble les moyens
de se rapprocher et non ceux de se détruire?

La fédération des peuples, ce rêve que certains
esprits caressent, ne sont jamais autre chose qu'un
rêve, trop de raisons s'opposent à sa réalisation, mais
tout en restant chez elle, chaque nation peut entretenir avec ses voisines des relations amicales. En
dehors du commerce et de l'industrie qui favorisent
déjà ce rapprochement, il est d'autres moyens d'y
parvenir qui seraient infaillibles, s'ils étaient suffisamment compris, ce sont les arts, les sciences, et surtout
toi, aimable charité, vertu éminemment française,
qui franchit de gaieté de cœur les monts et les mers,
et que rien ne rebute. Vieil arbre planté par le christianisme, et qui a si bien pris racine sur le sol fécond
de la Gaule, que mille tempêtes n'ont pu t'abattre, tu
es encore l'honneur de notre génération!

Paris-Murcie! Une nation qui, oubliant le passé,
vole spontanément au secours de sa sœur qui souffre,
voilà comment on éteint les vieilles haines, et comment on renverse les frontières. Si l'Europe doit un
jour quitter ses airs menaçants et désarmer, c'est par
ce moyen qu'elle y parviendra; s'il ne réussit pas,
qu'on n'en cherche pas d'autres!

Mais, disent quelques-uns, quand nous donnons, on ne nous rend pas. — Que nous importe! donnons-nous pour qu'on nous rende? non! Nous donnons parce que le cœur de la France est sensible et généreux; parce que tous ceux qui souffrent sont nos frères, qu'ils soient blancs ou noirs, qu'ils habitent aux antipodes ou près de nous, qu'il y ait entre eux et nous l'Océan ou les plus hautes montagnes! Et puis qui nous dit que notre générosité ne portera pas ses fruits? si au lieu d'argent elle nous gagne des sympathies et la paix, n'est-ce donc rien? Un voisin aura-t-il jamais l'idée d'envahir et de voler les terres de son voisin qui est son ami, son bienfaiteur? Des souverains oseraient-ils lancer l'un contre l'autre deux peuples qui se tiennent la main dans la main par dessus la frontière?... pour l'honneur de l'humanité, je me refuse à le croire

N'avons-nous pas vu l'émotion qui s'est emparée du peuple espagnol tout entier quand il a vu quelle part nous prenions à ses malheurs?

Désormais le jeune Espagnol, en apprenant son histoire, lira : 1809. La faute et la haine; mais il lira plus loin : 1880, le repentir et la réconciliation. Une entente diplomatique aurait-elle obtenu ce résultat? Non assurément. Donc il en est des nations comme des individus : c'est par le cœur qu'on les gagne, et non par la violence.

Mais je m'aperçois que je m'éloigne encore de mon

sujet; je laisse donc à d'autres plus autorisés le soin
de travailler à l'union des peuples, et je reviens à la
recherche du bonheur.

J'ai dit précédemment que j'aurai des amis, j'ajou-
terai que les présents ne me feront pas oublier les
absents, car jamais la distance ne sera un obstacle a
mon affection. On a, de nos jours, de grandes facilités
de correspondre, j'en userai le plus que je pourrai,
car écrire est une immense consolation apportée à la
douleur d'une séparation. Quel heureux moment, en
effet, que celui ou, dans le silence du cabinet, la pensée
entièrement absorbée par l'être aimé auquel on écrit,
il semble qu'on le voit, qu'on lui parle! Comme la
plume galope quelquefois fébrilement sous l'impulsion d'une âme agitée! Quelle éloquence, quelle passion doivent renfermer certaines lettres, quand le cœur
qui les dicte, après avoir été longtemps comprimé,
donne tout à coup toute sa force d'expansion! Ah si le
papier pouvait parler, que de choses étonnantes il
pourrait raconter! Rien n'est curieux à examiner
comme notre physionomie quand nous écrivons; un
observateur intelligent pourrait y découvrir les impressions successives par lesquelles passent l'esprit et le
cœur, depuis le sourire qu'entraîne la note gaie jusqu'à la grosse larme qui descend le long de la joue et
vient mouiller la signature. Et quand arrive le moment
de fermer ce précieux papier, comme on s'y décide
lentement, avec regret; on lit, relit encore et retarde

le plus qu'on peut; qui de nous n'a dit alors : pars, chère lettre, plus heureuse que moi, va où je voudrais bien te suivre!

Écrire à ceux qu'on aime est une véritable jouissance que tout le monde ne sait pas goûter. Le style épistolaire est trop souvent négligé, on ne lui donne pas tout le soin qu'il comporte La correspondance est, pour le plus grand nombre, une besogne comme une autre qu'on fait à la hâte et par à peu près ; pour certains même, c'est un ennui, une corvée· 'eux-là n'aiment guère, soyez-en sûr. Mme de Sévigné a beaucoup écrit parce qu'elle a beaucoup aimé. J'ai toujours professé une profonde admiration pour cette femme célèbre, pour cette excellente mère ; je comprends ses succès, je m'explique très bien qu'elle ait été recherchée et choyée par tout ce qu'il·y avait d'illustre de son temps, car sa personne devait être ce qu'était son style, la grâce même. Je me la représente quelquefois dans un de ces moments où elle écrivait à sa fille. Qu'elle devait être belle alors avec ses longs cheveux bouclés, son grand air et sa mise soignée! Il me semble voir la plume docile courir entre ses doigts mignons et tracer les lettres admirables que nous avons tous lues et qui sont une des perles de notre littérature.

J'ai lu, je ne sais plus où, que Buffon aussi ne travaillait que dans une mise magnifique, en jabot et en manchettes. Cette élégance me plaît, et je ne serais pas étonné qu'elle ait contribué à donner à son style l'élévation et la majesté qui le distinguent. Le style c'est l'homme, a-t-il dit ; rien n'est plus vrai ; l'homme délicat, bien élevé, a un style qui lui ressemble ; quand on lit Buffon, Châteaubriand on sent leur naissance, comme on devine en lisant ces mauvais romans qui ont empoisonné notre génération, qu'ils ont été écrits par des bohêmes en manches de chemise, entre des brocs et des pipes.

On ne saurait, à mon avis, faire trop d'honneur à la pensée, à la littérature, à ses intimes. Je croirais pour ma part manquer d'égard à ceux que j'affectionne si j'étais, quand je leur écris, dans une mise négligée. J'aime au contraire à m'entourer d'un petit décors de circonstance, et à mettre dans ma tenue et dans mon maintien toute la coquetterie que j'apporterais si ces chères créatures étaient auprès de moi. Mon style y gagne, je l'assure, car j'écris avec un plaisir qui stimule mon imagination et élève mes pensées.

CHAPITRE VIII

J'ai encore d'autres amis que je me garderai bien
de passer sous silence; j'ai pour eux un profond respect, et une vive reconnaissance en raison des services qu'ils m'ont rendus. Ils ont souvent relevé mon
moral abattu, dissipé mes chagrins, modéré mes passions et redressé chez moi plus d'une erreur. Orphe-
lin de bonne heure, ils se sont chargés de la direction de mon âme et de mon intelligence, m'ont guidé
en partie dans les sentiers de la vie et appris à aimer
Dieu, ma patrie et mon semblable : *Ce sont mes livres,
mes chers livres!* Ils ne sont pas très nombreux pour
l'instant, mais ils le seront davantage un jour et ne
contribueront pas peu à orner ma chambre. On sen-
tira aisément en entrant dans celle-ci le lien étroit qui
existe entre eux et moi et l'on jugera par le reste du
décor, de mes goûts, de mon caractère et de mes
mœurs. Quand j'entre chez quelqu'un pour la pre-

mière fois, un coup d'œil rapide jeté sur l'ameuble-
ment suffit pour m'apprendre à qui j'ai affaire; je me
suis rarement trompé. Je rencontrai un jour, sur les
boulevards, un ami d'enfance que je n'avais pas vu
depuis vingt ans; j'acceptai l'invitation qu'il me fit
d'aller chez lui, et d'être présenté à « sa femme ».
A peine entré, je flairai un ménage interlope; c'était
vrai, mon ami, à qui je le dis franchement au moment
de le quitter, me l'avoua. C'est que l'intérieur d'un
homme léger ne ressemble pas a celui de l'homme
sérieux, du travailleur. Le premier n'aime pas les
livres, ou s'il possède une bibliothèque, elle renferme
des ouvrages en rapport avec ses goûts pervers, ouvrages qu'on ne trouvera jamais chez moi, car je suis
sévère dans le choix de mes livres; j'exige d'eux,
comme de mes amis, qu'ils soient aimables, spiri-
tuels et de bonnes mœurs; je ne veux pas avoir a en
rougir. J'en ai de beaux, de laids, de poudreux; quelques uns sont vieux de plusieurs siecles, mais je suis
attaché à tous et les connais si bien que, les yeux
fermés, je réponds de trouver celui dont j'ai besoin.
Je les place à ma guise, et leur disposition est parfois si bizarre, qu'elle m'inspire mille réflexions.
Voici par exemple le vieil Homère qui coudoie Victor
Hugo; le génie poétique avec un trait-d'union de
vingt-huit siècles, et sublime aujourd'hui comme autrefois! Je me demande ce que se diraient ces deux
géants s'ils pouvaient se parler; que leur dialogue

serait intéressant! Si la chose était possible, je me
pencherais à l'oreille d'Homère et lui dirais tout bas :
« engagez donc Hugo à ne plus s'occuper de politique ». Dans ma bibliothèque aussi les frontières
sont abattues. Athènes, la vieille Rome, l'Allemagne,
l'Italie, l'Espagne, l'Angleterre, la France s'y trouvent mélangées, confondues dans le beau, dans le
vrai. Ce sont les nations, c'est l'humanité, vues par
leur beau côté; pas de mitrailleuses ici, pas de bombes incendiaires...Virgile, Milton, Cervantès, Gœthe,
Shakspeare, Racine, Bossuet s'y donnent la main.
Quels noms, grand Dieu! quel rendez-vous! je suis
une fourmi à côté de ces hommes-là; je vis avec eux
cependant, j'ai affaire tantôt à l'un, tantôt à l'autre,
et ne sais lequel je dois le plus admirer. Voici un volume petit, vieux, dont les angles sont usés, il a beaucoup servi, c'est un Latin; salut Virgile! c'est toi qui
le premier m'appris les douceurs de la vie champêtre
et me fit aimer la nature. Merci! tu dois te plaire en
société de ces deux Français que j'ai placés avec inten-
tion à tes côtés et qui s'appellent Buffon et Bernar-
din de Saint-Pierre, tous trois vous avez admirablement chanté les merveilles de la création. Un peu
plus loin, c'est Dante, puis Gœthe, l'Allemand. D'où
m'est venu ce dernier, je ne sais; une belle reliure
le recouvre, c'est un cadeau, je crois, malgré cela il
n'est pas mon auteur favori. Je n'ai jamais compris
l'enthousiasme du plus grand nombre pour son Wer-

ther ; je trouve ce roman immoral. Comment? vous
faites un héros d'un jeune homme qui poursuit à ou-
trance une femme vertueuse, une mère de famille!
Il dit qu'il l'aime, et il la compromet aux yeux de son
mari, de ses enfants, du monde ; il jette le trouble
dans cet intérieur, où régneraient sans lui la paix et le
bonheur; il ne laisse à Charlotte ni trêve ni repos; il
veut la déshonorer, et vous appelez cela de l'amour?
Allons donc! c'est une passion ridicule et malsaine,
Werther n'a pas de cœur!

Je comprends pourtant la passion de l'amour, je
l'excuse même, car je connais la faiblesse de notre nature, et je sais qu'il est des cœurs si pleins d'amour
qu'ils débordent; les caresses pour eux, c'est la vie,
le raisonnement n'y peut rien, et tout obstacle qu'on
opposerait à ce torrent ne servirait qu'à le rendre plus
impétueux. Mais si violente que soit cette passion, je
veux, pour l'excuser, qu'elle soit délicate et noble jusque dans la faute!

Nos vieux romans de chevalerie fourmillent de
héros autrement intéressants que Werther. J'admire
jusqu'à en être jaloux ces galants chevaliers français
qui, pour plaire à la dame de leur pensée, allaient se
faire écharper dans les combats. Comment ne pas se
passionner pour un vaillant guerrier qui fait apporter
à celle qu'il aime son corps tout ensanglanté et lui
dit : « C'est pour vous et pour la patrie que j'ai voulu
vaincre ou mourir! Qu'il y a loin de cette fin cheva-

loresque à celle d'un soupirant mélancolique qui se
brûle la cervelle avec un vulgaire pistolet parce qu'une
honnête femme repousse ses obsessions ! »

J'aime encore la passion de l'amour quand elle est
naïve et empreinte d'une douce mélancolie, comme
on la rencontre dans Ossian, ce barde écossais dont
les chants plaisaient tant à Napoléon Ier. Écoutez
comme elle est douce cette plainte de Colma :

« Je suis abandonnée sur la colline des tempêtes ;
ô lune, sors du sein des nuages ; paraissez étoiles
nocturnes, paraissez et que vos rayons me guident
vers mon amant fidèle qui se repose des fatigues de
la chasse. Faut-il que je reste seule ici sur le rocher
tapissé de mousse qui se penche sur le ruisseau ?
L'onde et le vent répondent à ma douleur, je ne puis
entendre la voix de mon bien-aimé.

« Pourquoi, Salgar, pourquoi le fils de la colline
a-t-il oublié sa promesse ? Voilà le roc et l'arbre témoin de tes serments ; où es tu allé, mon Salgar ?... »

Quel amour ! quelle poésie ! la passion de cette
montagnarde me remue, celle de Werther me laisse
froid et insensible.

Je suis, d'ailleurs, un peu brouillé avec Gœthe depuis que j'ai lu ses mémoires. Dans les récits qu'il
fait de la campagne de France, il se montre, envers
notre armée, d'une partialité qui blesse mes sentiments

4

patriotiques et me révolte. Ce ne sont qu'escarmouches, que combats d'avant-postes, où les Français sont toujours battus ou fuyant, malgré leur supériorité numérique, devant quelques Prussiens. Or qui connaît nos soldats, sait que les combats à découvert, ces sortes de duels où l'arme blanche joue le principal rôle, conviennent à leur tempérament et que loin de fuir ils sont braves jusqu'à la témérité ; l'issue de cette campagne de 1792 donne, d'ailleurs, à Gœthe un sérieux démenti, puisqu'elle s'est terminée par la retraite du duc de Brunswick. Gœthe a donc écrit là une mauvaise page d'histoire.

Mais laissons pour aujourd'hui la littérature étrangère et arrivons vite à la littérature française. Ici je sens l'enthousiasme s'emparer de moi, et je me dis qu'on a le droit d'être fier d'avoir reçu le jour dans un pays si fécond en hommes illustres et en chefs-d'œuvre.

Quatre beaux volumes reliés en chagrin m'apparaissent tout d'abord : c'est Bossuet, l'aigle de Meaux, l'honneur de l'épiscopat français. Je me suis demandé, un jour, pourquoi je ne le prendrais pas pour professeur d'histoire ; ce n'est pas modeste, mais quand on peut se donner presque gratuitement un semblable maître, on aurait grand tort de ne pas le faire. J'ai donc appris de lui à connaître l'histoire des peuples, et puisé dans ses sermons des enseignements utiles dont j'ai fait mon profit. Auprès de Bossuet je vois l'aimable la Fontaine, qui se servit des bêtes pour instruire et moraliser les gens, manière d'enseigner très ingénieuse et qui porte généralement ses fruits. Je dirai à ce sujet que j'ai entendu très souvent des enfants réciter convenablement les fables de la Fontaine, mais je n'en ai pas vu un seul, je crois, qui en comprît bien la morale; or ne faire de ces belles fables qu'un exercice de mémoire et d'élocution, c'est s'éloigner du but. Si j'enseignais à la jeunesse, je voudrais, avant de faire apprendre une fable à un enfant, la commenter d'abord avec lui, appuyer sur la morale et m'assurer qu'il la comprend bien.

Après la Fontaine, voici Corneille, dont chaque vers est un chef-d'œuvre, puis Racine, le poète divin. Le volume est orné d'un magnifique portrait : la tête est belle, majestueuse et admirablement encadrée par une abondante chevelure dont les boucles retombent gracieusement sur les épaules du poète. Je lui trouve une ressemblance frappante avec un de mes ancêtres dont le portrait est là au-dessus de ma porte. Racine n'a pas de plus grand admirateur que moi. J'ouvre le volume respectueusement, au hasard, et je lis :

JOAD — Dieu laissa-t-il jamais ses enfants au besoin ?
Au petit des oiseaux il donne la pâture,
Et sa bonté s'étend sur toute la nature

. . . .

Entends-tu Proudhon?...

Je voudrais pouvoir m'arrêter à chacun de ces

grands écrivains du xviie siècle, mais ce serait trop long, ils sont si nombreux; arrivons aux modernes. Voici d'abord Chateaubriand dont le nom résonne si agréablement à mon oreille; c'est un de mes auteurs préférés. Je me souviens encore de l'avidité avec laquelle j'ai lu ses *Martyrs* et son *Génie du christianisme*, œuvres brillantes qui vivront autant que le monde, mais qu'on ne lit pas assez. — Que dirais-tu, Chateaubriand, si tu revenais tout à coup au milieu de notre génération sceptique et railleuse!... Son voisin de droite, c'est Lamartine, la noblesse et la grâce. Mais pourquoi donc, Lamartine, as-tu oublié un jour que les poètes sont faits pour plaire et non pour gouverner? La muse poétique n'est pas a sa place dans le tumulte des révolutions! Je reconnais cependant que ton passage au pouvoir a été marqué par deux actes qui te font le plus grand honneur : l'abolition de l'esclavage dans les colonies françaises; l'abolition de la peine de mort en matière politique; j'admire aussi ta mâle attitude sur les marches de l'Hôtel de ville, le 24 février 1848; ta réponse au peuple est superbe, le drapeau tricolore, ce jour-là, t'a dû son salut, néanmoins je préfère en toi le poète à l'homme politique.

Je vois sur le rayon supérieur de ma bibliothèque, un ouvrage qui attire l'attention par le grand nombre de ses volumes, et que j'ai négligé depuis longtemps. Il est d'un grand historien, d'un travailleur infati-

gable; la terre où il repose est encore fraîchement
remuée; c'est Thiers, le patriote ardent, pygmée
par la taille, géant par le génie ; la nature a de ces
bizarreries. Les vingt volumes en question, c'est le
Consulat et l'Empire, livre grandiose, impartial, étonnant. Je l'ai lu avec passion et ne suis pas encore
arrivé à comprendre comment son auteur, dont les
occupations étaient si multiples, et qui n'a cessé pendant un demi-siècle d'être mêlé à nos luttes poli-
tiques, a pu trouver le temps nécessaire à l'érection
d'un pareil monument, ni comment, sans avoir fait
d'études techniques, il est parvenu à traiter des questions militaires avec l'autorité d'un général con-
sommé. Thiers étonne les militaires les plus illustres
par la rigoureuse exactitude de ses descriptions et
par la justesse de ses appréciations stratégiques. Je
vois, à l'avant dernier-volume, une fiche qui dépasse;
quelle remarque ai-je donc pu faire? Ouvrons : la
page est défraîchie ainsi que les pages suivantes.
On dirait que cette partie du volume a été lue plus
que le reste. Ah ! j'y suis, lecteur, c'est... Waterloo ! ..
18 juin 1815. Nom sinistre! date cruelle ! J'ai rougi,
j'ai pâli, j'ai frémi tour à tour au récit de cette épou-
vantable catastrophe! La page que je viens d'ouvrir
porte les traces de coups d'ongles, et le papier est
froissé, défraîchi à plusieurs places. Ah! je me rappelle, j'ai pleuré! Mais encore une fois qu'est-ce que
ce drame? Hasard? fatalité? châtiment céleste? Quoi?

Je ne sais. A sa lecture je frémis, mon esprit se trouble; Napoléon, Ney, Wellington, Grouchy, Blücher, tous ces noms se croisent dans mon cerveau surexcité. J'aperçois Cambronne, dans le terrible carré, je l'entends jurer! je vois la vieille garde tomber en coupe réglée sous la mitraille, comme un champ de blé mûr sous la faux du moissonneur. Eux aussi, ces fiers grenadiers, avaient brûlé leur dernière cartouche, et tordu leurs baïonnnettes sur le poitrail des chevaux! Ah! je renonce à sonder ce mystère que Dieu seul connaît, et je referme précipitamment cette page maudite.

Pour chasser cette pénible impression je passe à une lecture plus douce; revenant sur mes pas, c'est à Ducis que je m'adresse, son genre me plaît infiniment; je trouve dans ses pénates, dans son *Ruisseau de Dammerie-les Lys* une grâce charmante qui rendent à mon âme son repos et sa sérénité.

Je vivrai avec mes livres le plus que je pourrai; c'est mon plaisir, chacun prend le sien où il le trouve. J'avais autrefois un voisin qui passait une partie de son temps dans sa cave à placer, déplacer et replacer ses bouteilles, à les étiqueter et à déguster son vin; il appelait ça ! sa toquade. Je vous assure, cher lecteur, que je ne changerais pas ma toquade pour la sienne. J'aime mieux déguster mes livres; l'esprit qu'ils renferment me cause une ivresse que je préfère à celle du vin.

CHAPITRE IX

Je ne serai pas toujours enfermé; il y a quelquefois de belles journées pendant l'hiver. J'en profiterai pour faire des promenades à cheval. Je visiterai sur mon parcours les familles qui ont besoin d'être secourues, ce sera une de mes meilleures occupations. Laissant mon cheval à la porte, j'entrerai dans les chaumières et me ferai un plaisir de m'asseoir familièrement au milieu des pauvres gens, de causer avec eux, de les consoler s'ils souffrent, et je ne partirai jamais sans leur laisser de quoi mettre du baume sur leurs plaies. C'est si bon de donner!

Ces visites de charité ont un charme que les âmes généreuses seules connaissent, et l'on en tire toujours un profit quelconque pour soi; d'abord on devient meilleur et puis, quand après avoir vu de près la misère d'autrui on rentre chez soi au sein du confortable, de l'abondance, ne se sent-on pas plus heureux? Le pauvre gagne en général à être connu. La première impression qu'il produit sur nous lui est presque toujours défavorable, car nous le jugeons d'après son extérieur, mais quand nous l'avons vu plusieurs fois, quand nous prenons la peine de dépouiller sa rude écorce pour regarder ce qu'il y a dessous, nous sommes étonnés d'y voir des qualités solides, naturelles, qui nous manquent souvent à nous-mêmes, et nous ressentons bientôt pour lui une sympathie réelle. Nous reconnaissons bien vite que ses défauts sont nés de la misère et de l'ignorance, comme les nôtres sont engendrés par un excès de bien-être. N'est-il pas plus excusable que nous, et devons-nous lui faire un crime de son infériorité, nous que le sort a favorisés? Je me suis souvent demandé si, tout compte fait, ces déshérités de la fortune ne nous valent pas; je n'ai jamais conclu. Je sais que le peuple a des colères terribles qui lui viennent de ses souffrances, mais il a aussi des dévouements sublimes dont on ne lui tient pas assez compte; il est foncièrement bon et généreux.

N'est-ce pas dans la classe laborieuse que s'accomplissent les plus beaux traits d'humanité? La femme du peuple, qui n'a rien, trouve quand même le moyen de donner à plus pauvre qu'elle, et ne marchande pas ses services; l'homme du peuple est toujours prêt à se dévouer, à risquer, avec une admirable insouciance, sa vie pour son semblable.

Je vis, un matin, un ouvrier enjamber le parapet

d'un pont pour voler au secours d'un malheureux
qui, las de la vie, venait de se précipiter dans la Seine.
Je battis des mains comme tous les témoins de cette
belle action, mais tout a coup nous vîmes le brave
sauveteur se débattre et disparaître à son tour; il
allait être infailliblement victime de son dévouement,
si un batelier n'était venu à temps à son secours.
Cet homme courageux n'avait oublié qu'une chose
avant de se jeter à l'eau : c'est qu'il ne savait pas
nager ! Ces gens-là ne raisonnent pas avec le danger,
ils laissent faire leur cœur !

Ah ! ayons moins de dédain pour ceux envers qui
le sort a été cruel !... Quand le prolétaire, par sa dé-
plorable imprévoyance, s'est préparé une vieillesse
misérable ne le repoussons pas; secourons-le au lieu
de lui jeter ses défauts à la face, car, encore une fois,
s'il a ses vices nous avons les nôtres; nous péchons
avec plus de forme, nous nous cachons mieux, voilà
tout ! Enfin n'oublions pas que c'est lui qui prépare
nos jouissances avec ses sueurs, heureux encore
quand il ne se fait pas mutiler; car l'excès seul ne
tue pas l'homme du peuple : ce soldat de l'industrie
se fait souvent casser les reins sur les échafaudages
et couper en morceaux dans les usines en travaillant
pour nous ! De l'indulgence donc, et de la charité !

Donnons toujours, donnons quand même : nous
qui savons que donner au pauvre, c'est prêter à Dieu.
Donnez aussi, esprits forts, qui ne croyez plus à rien;

qui sait s'il ne vous en sera pas tenu compte tout
comme à nous? Il est des misères affreuses et cachées
que vous ne connaissez pas comme nous; en voulez-
vous une idée et désirez-vous savoir comment je suis
arrivé moi-même à les découvrir? écoutez :

Pendant un hiver des plus rigoureux, je fus arrêté un soir dans une rue étroite par un grand garçon
qui me demanda l'aumône. Je le regardais en face et,
serrant vigoureusement la poignée de ma canne
« Je n'ai pas pour habitude, lui dis-je, de donner à
cette heure et dans un lieu isolé, il n'y a que les
voleurs qui demandent dans de semblables conditions.
— Monsieur, me répondit-il, si je demande le soir,
c'est parce que je n'ose le faire pendant le jour; je ne
suis pas un mendiant de profession et encore moins
un voleur. Depuis quinze jours le froid a arrêté les
travaux, et nous sommes huit à la maison sans pain
et sans feu, vous pouvez vous en assurer. » Cette réponse me fut faite avec tant de naturel que j'en fus
touché. « Où restez-vous? lui demandai-je. — Rue.....
au sixième, la dernière maison à gauche, demandez
Leroy. — C'est bien, demain matin j'irai chez vous. »
J'y allais en effet. Je vis une maison d'une apparence
misérable, avec une entrée malpropre et un escalier
si obscur que je fus obligé d'aller acheter une bougie
pour y voir et m'orienter, une de ces maisons, enfin,
comme on n'en voit que dans le vieux Paris. Je mon-
tais à l'étage indiqué; au bruit de mes pas une porte

s'ouvrit et une fillette parut sur le seuil. « M. Leroy, mon enfant ? — C'est ici, monsieur. — C'est moi, dit une voix de basse-taille partant de l'intérieur de la chambre. » C'était le père ; le fils que je cherchais des yeux, n'était pas là. J'entrai. Leroy ! quelle ironie dans ce nom ! cet homme était vraiment le roi de la misère ! quel tableau que son intérieur, je n'en avais jamais vu de pareil. Il faudrait la plume de Balzac pour le décrire.

Dans une même chambre, ils vivaient sept ; ne pouvant y tenir huit, le fils couchait sur une paillasse au fond du corridor. Cette mansarde, éclairée seulement par une fenêtre en tabatière s'ouvrant sur le toit, était glaciale, on y gelait littéralement. Cinq de ces malheureux formaient le cercle autour d'un petit poêle sans feu, sur lequel un bout de chandelle, enfoncé dans la cavité d'un os, brûlait et donnait par sa lueur blafarde une teinte cadavérique à ces figures pâles et amaigries par les privations. Je ne m'étais d'abord pas expliqué pourquoi cette lumière en plein jour : je l'appris bientôt en voyant ces pauvres gens promener tour à tour, leurs mains sur la flamme quand elles étaient par trop gelées. Je n'aperçus d'autres meubles qu'une table vermoulue sur laquelle étaient jetées pêle-mêle, des guenilles des deux sexes. Par terre, plusieurs paillasses alignées formaient une espèce de lit de camp sur lequel une vieille femme, l'aïeule, sans doute, trop faible pour se lever, était

couchée, serrant entre ses bras décharnés une petite
fille de quatre à cinq ans qu'elle tâchait de réchauffer.
Tous avaient l'air de mourir de faim. C'était navrant.
« Comment vivez-vous, demandais-je au père? —
Avec ça, me répondit-il en me montrant, de sa main
droite qui n'avait que quatre doigts, un reste de pain
de munition qui dépassait sur le bord d'une planche,
à côté d'une cruche d'eau, et de quelques ognons.
Je restais saisi. Ah! que je regrettais de ne pas être
riche! Comment! me disais-je, après les avoir quittés,
il y a des familles réduites à cette extrémité! elles
mangent du pain frotté d'ognon, et boivent de l'eau
glacée quand d'autres ne connaissent pas leur fortune et sont blasés de tout! Je ne pouvais me faire
à l'idée de ce contraste, de cette inégalité du sort
entre des créatures semblables et créées pour le
même but. Je me dis enfin qu'il est impossible que
les déshérités de ce monde ne trouvent pas une
compensation dans un autre, mais je me dis aussi
qu'en attendant ils souffrent et que cette souffrance
pourrait être amoindrie si ceux qui possèdent vou-
laient être plus charitables. Ah! que le riche est coupable quand il est égoïste, et quelle responsabilité il
assume! Il lui serait si facile, même sans rien re-
trancher de ses plaisirs, avec son seul superflu,
d'empêcher bien des misères! Plus coupables encore
sont ceux qui, par de fatales théories, et en haine de
la religion, enlèvent aux malheureux leur seule con-

solation, c'est-à-dire l'espoir d'une vie meilleure que leur fait entrevoir le christianisme.

Non, je ne dédaignerai pas mon semblable parce qu'il aura eu la mauvaise chance de naître dans une condition inférieure à la mienne. Je le secourerai au contraire, le plus que je le pourrai. Ne chercher le bonheur que pour soi, c'est être indigne de le posséder ; il ne suffit pas d'être un homme heureux, il faut aussi être un homme utile et bienfaisant.

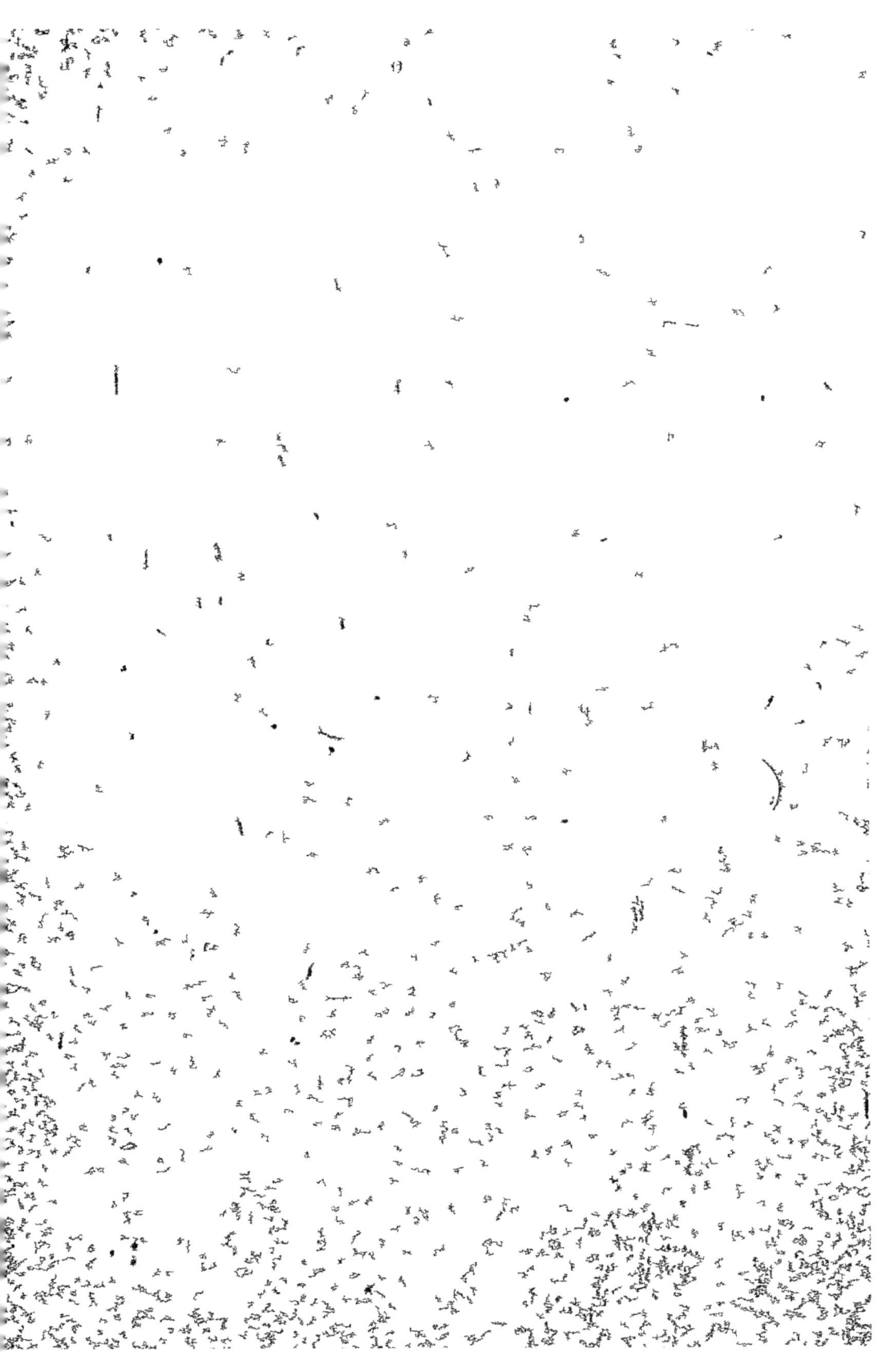

CHAPITRE X

Je ne sais si je serai jamais appelé par mes con-
citoyens à des fonctions municipales ; Dieu m'en
garde ; c'est un honneur que je n'ambitionne pas,
mon repos aurait trop à en souffrir. Mais si le hasard
voulait que je devinsse le premier magistrat de ma
commune, je serais avant tout préoccupé du bien-être
de mes administrés. La jeunesse surtout serait l'objet de ma constante sollicitude, car la jeunesse c'est
l'avenir, c'est l'espoir ; je ferais tous mes efforts pour
qu'elle fût élevée dans les principes d'honneur et de
respect sans lesquels une nation ne peut que végéter
en attendant qu'elle s'effondre. Je ne manquerais
jamais l'occasion de guider cette jeunesse dans la voie
du bien. Quand deux jeunes fiancés paraîtraient devant moi pour être unis devant la loi, je ne m'en tiendrais pas à leur lire la formule officielle ; je leur dirais,
comme s'ils étaient mes propres enfants, quels sont

leurs devoirs réciproques, quel est le but du mariage, et quel est leur rôle vis-à-vis de la société. Je ne ferais pas de phrases, mon allocution serait simple, à leur portée, paternelle. Je réponds qu'il leur en resterait quelque chose. Je ne leur dirais pas un mot de religion, ce serait l'affaire de mon curé ; à chacun son métier, pas d'impiétement.

Chaque année, quand les jeunes gens de la classe seraient appelés sous les drapeaux, je ne voudrais pas qu'ils quittassent leur chaumière sans m'avoir fait leurs adieux. Je les réunirais avant leur départ et leur ferais un discours de circonstance. Je sens que je saurais trouver pour eux des accents virils, que je serais éloquent, car bien qu'aimant la paix je suis chauvin, très chauvin, et je sais quels effets produisent sur le Français, un langage patriotique tenu à propos. Napoléon Iᵉʳ excellait dans ce genre d'éloquence, auquel il a dû plus d'un succès. Il savait trouver le mot qui flattait l'amour-propre d'un régiment, et celui-ci se faisait broyer. Des conscrits affolés devenaient tout à coup, sous l'action de sa parole puissante, des lions qui tenaient tête aux plus vieilles troupes de l'Europe.

Je leur dirais à ces braves jeunes gens qu'ils ne sont ni des mercenaires, ni des victimes du sort, mais des hommes appelés à remplir un grand devoir, à s'acquitter d'une dette sacrée. Je leur dirais encore que la patrie est notre seconde mère, que nous devons

être fiers de la servir et de verser pour elle, quand
son honneur l'exige, jusqu'à la dernière goutte de
notre sang ; je leur montrerais son flanc ouvert et
leur apprendrais par quels moyens cette blessure
pourra être fermée.

Je ne puis m'empêcher de dire à ce sujet qu'il
existe une lacune énorme dans l'éducation des jeunes gens, et, par suite, dans notre armée.

Depuis nos derniers revers, j'ai suivi avec le plus
vif intérêt les travaux de réorganisation de notre armée ; on a beaucoup fait, on est en progrès, c'est in-
contestable, mais ces progrès sont purement admi-
nistratifs et mécaniques, et dès lors insuffisants. Un
soldat qui ne connaît que les manœuvres et les dé-
tails du service n'est pas un soldat accompli ; il ne
sera tel qu'autant qu'il considérera son passage sous
les drapeaux comme un honneur, et non comme une
corvée ; qu'autant qu'il unira à son instruction militaire les qualités morales qui font l'homme fort, c'est-
à-dire l'esprit de sacrifice et de dévouement. Or ces
vertus, notre armée ne les possède pas encore. Elle
en a cependant plus besoin que jamais, car depuis
que le perfectionnement des armes à feu est venu
modifier la manière de combattre, le Français a perdu
beaucoup de sa valeur comme soldat. Son élan et sa
confiance en lui-même, qui en faisaient autrefois un
adversaire si redoutable, ne sont plus aujourd'hui
que des qualités secondaires, qui peuvent même, dans

certains cas lui être nuisibles. Il faut donc lui faire acquérir d'autres qualités plus en rapport avec la stratégie moderne.

La guerre, en dehors de l'impulsion plus ou moins habile donnée aux masses par leurs chefs, est devenue une lutte scientifique dans l'invention et dans l'emploi des engins, et un échange de projectiles à des distances calculées mathématiquement; l'avantage restera donc le plus souvent à celui des deux adversaires dont le tir sera le mieux réglé, et qui possédera les moyens matériels et moraux de le soutenir le plus longtemps. Ce qui revient à dire que les qualités dominantes du soldat doivent être aujourd'hui, non plus la fougue, qui nous servait si bien autrefois, mais le sang-froid pour tirer sûrement, et la solidité pour rester inébranlable sous le feu, quelle que soit sa violence. Or la solidité n'existera pas dans nos armées composées, comme elles le seront dorénavant en cas de guerre, de jeunes gens ayant trois ans de service en moyenne, et de réservistes rappelés de leurs foyers, tant qu'ils n'auront pas reçu préalablement les uns et les autres, soit sur les bancs de l'école, soit dans la famille, soit au régiment, ce que j'appellerai une éducation patriotique, par laquelle on les aurait préparés aux épreuves de la guerre, et on leur aurait appris à pousser le devoir jusqu'au fanatisme.

La dernière guerre nous a laissé, à nos dépens, hélas ! un précieux enseignement à cet égard.

Quelles troupes étaient-ce, à quelques exceptions près, que nos mobilisés de province ?... Ont-ils rendu les services qu'on en attendait ?... Non, et franchement il n'y a rien là d'étonnant. Ah ! c'est qu'on n'improvise pas des armées comme on improvise un discours. L'homme qu'on arrache un matin à son atelier ou à sa charrue, et à qui l'on met un fusil entre les mains, n'est pas un soldat pour cela ; eût-il même reçu une instruction militaire préalable ; il lui faut encore autre chose ; il faut qu'il soit animé des sentiments patriotiques dans lesquels il puisera l'abnégation, la force et le courage qui lui sont nécessaires pour supporter la brusque transition qui lui sera imposée par les événements ; sinon ce ne sera qu'un pauvre diable qui fera nombre, marchera peut-être quand il sera dans les rangs, mais glissera dans la main de ses chefs à la première occasion.

Le patriotisme ! je ne puis y penser sans éprouver un serrement de cœur, tant je l'ai vu profaner, fouler aux pieds. Sommes-nous un peuple à citer pour son patriotisme, je réponds non, et ceux qui s'y connaissent ne me démentiront pas. Ne nous faisons pas d'illusions à cet égard. Nous avons évidemment, comme tous les peuples, la haine instinctive de l'étranger ; nous ferons bien, en cas d'invasion, un petit effort si nous sommes stimulés, mais il ne faut pas trop nous en demander, nous nous lassons vite, surtout si le succès ne couronne pas notre premier coup de collier. Est-ce à dire que le patriotisme est éteint chez nous ? Telle n'est pas ma pensée ; on rencontre encore çà et là des patriotes ardents, mais c'est le plus petit nombre ; chez la masse le patriotisme est engourdi ou mal compris. Soyons sincères, et demandons-nous si, dans la désastreuse campagne de 1870-1871, notre patriotisme a été à la hauteur des événements ? Il y a eu des dévouements, c'est vrai, mais, à côté, que de défaillances ; je dirai plus, que de lâchetés ! pour un qui se battait, combien jetaient leur fusil derrière les buissons et disparaissaient? Avons-nous défendu notre sol comme nos pères l'ont défendu autrefois? ou comme l'Espagnol et le Suisse ont défendu le leur dans des circonstances analogues?... Et nous nous décernions des éloges?... allons donc ! Nous n'avons eu que des velléités ! rien de plus.

Le patriotisme ne consiste ni dans la menace ni dans l'insulte ; pas davantage dans les manifestations bruyantes, dans des chants de guerre, provoqués plutôt par des libations que par le désir de marcher à l'ennemi. Je sais bien que la *Marseillaise* a remporté des victoires, mais les soldats de la Révolution ne se contentaient pas de l'avoir sur les lèvres, ils l'avaient dans le cœur et la mettaient en action. C'étaient d'ailleurs des hommes autrement trempés que nous ne le sommes.

Le patriotisme ne consiste pas non plus à s'engager dans une compagnie de francs-tireurs dans le but de ne pas être enrégimenté, et de se soustraire ainsi à la discipline et aux véritables dangers que courent les armées régulières. . francs-tireurs, c'est plus commode ; on fait la guerre en amateur ; on réquisitionne, on mange bien, on boit de même, et l'on ne se bat que quand on est disposé, ou quand on ne peut pas faire autrement. A part quelques compagnies sérieusement organisées et qui se sont parfaitement conduites, n'est-ce pas ce qui s'est passé pour les autres? Est-ce là le patriotisme? non ! .. c'est le désordre !

Quand mes conscrits seraient groupés autour de moi : « Savez-vous, leur dirais-je, ce que c'est que le patriotisme?... écoutez-bien : c'est le dévouement au pays, poussé jusqu'au martyre ! C'est le sacrifice absolu de sa personne, de ses opinions quand il y va du salut de tous ! C'est une volonté inébranlable de supporter le froid, la faim, les privations de toute nature, les marches forcées, les maladies, et tout cela sans proférer une plainte ! C'est, si l'on est défait aujourd'hui, être prêt à recommencer demain ! C'est encourager les camarades qui faiblissent. C'est être fier des blessures reçues en combattant ! C'est mourir comme est mort Bayard en regardant l'ennemi et en regrettant de n'avoir pas fait assez pour son pays ! »

Voilà comment j'entends le patriotisme ; voilà ce que je voudrais qu'on apprît aux enfants, dès qu'ils sont en âge de comprendre, et en leur citant des exemples, qu'on trouve en grand nombre dans notre histoire.

Une nation où les jeunes gens seraient élevés dans ces sentiments deviendrait invincible.

Un officier allemand qui nous a combattus sous Paris et dans le centre jugeait sévèrement nos armées de province, mais il ne trouvait jamais assez d'éloges pour un corps qu'il avait eu en face de lui dans les plaines de l'Orléanais, celui de Charette. Il me citait sur ses zouaves des traits de bravoure dignes des héros de l'antiquité. A quoi tenait ce contraste avec les autres troupes? Où ces quelques braves qui portaient les plus beaux noms de France, avaient-ils puisé leurs vertus guerrières?... Ce devait être, me disait cet étranger, dans leur éducation supérieure et dans leurs croyances religieuses. Je pense comme lui, et je suis convaincu que la religion, loin d'affaiblir le patriotisme, comme l'a dit un membre d'une de nos assemblées, ne peut que le fortifier; j'en prends à témoin du Guesclin, Bayard, Jeanne d'Arc et la Tour d'Auvergne !

J'ai dit le langage que je tiendrais à mes conscrits ; j'en serais peut-être pour mes frais d'éloquence, tant pis; mais si je réussissais à les pénétrer des grands principes que je viens d'énoncer, je serais l'homme le plus heureux du monde; j'aurais été de quelque utilité à mon pays et à mon prochain : or c'est là toute mon ambition.

Voilà, chers lecteurs, par quels sentiers je me

mettrai à la recherche du bonheur. Il y en a peut-être
de meilleurs, de plus sûrs, si je les trouve je les sui-
vrai ; en attendant je m'en tiendrai aux miens, car je
les crois bons. Je rencontrerai en route plus d'un
obstacle, je le sais ; sur quels chemins n'y en a-t-il pas ?
mais je lutterai pour les renverser, et j'irai de l'avant
jusqu'à l'heure où il plaira à celui qui m'a mis sur
cette terre de m'en retirer. Si alors ma conscience me
dit que j'ai fait ce que je devais, j'emporterai en quit-
tant cette vie une espérance pour celle qui doit suivre,
car je crois à un juge suprême et à l'âme immortelle.
Je n'ai pas toujours pensé ainsi, je le confesse. J'ai
douté un moment, j'ai erré, mais l'étude et le bon
sens ont eu raison de ma révolte, et je suis arrivé à
me faire sur ces graves questions un raisonnement
à moi qui suffirait seul pour me convaincre.

Un jour que mon imagination était plus fougueuse
que d'habitude, je lui jetai la bride sur le cou et la
laissai galoper à l'aventure, curieux de savoir jusqu'où
cette cavale indomptée pousserait sa course folle,
et ce qu'elle en rapporterait. Elle est partie rapide
comme l'éclair, les narines au vent, battant vingt
sentiers tortueux, s'enfonçant dans les ronces jusqu'au poitrail, roulant dans les précipices où nous
avons failli nous briser ; enfin elle s'est relevée, et a
réussi à sortir de ce passage dangereux, puis à gagner,
épuisée, haletante, et le mors blanc d'écume, une voie
aplanie, éclairée, où elle s'est trouvée si bien qu'elle

n'a plus voulu en sortir, j'étais fixé. Revenu au calme
je me suis dit : décidément non, la création n'est pas
le résultat du hasard ! car si le hasard était l'auteur
des merveilles que nous admirons chaque jour, qui
l'empêchaient d'en créer d'autres et de faire aujour-
d'hui ce qu'il a fait autrefois ; pourquoi cesserait il
d'en produire ? Nous devrions, dans ce cas, voir ap-
paraître de temps à autre, à la surface du globe, des
espèces nouvelles, inconnues. Or il n'en est rien ;
tout ce que nous connaissons dans les divers règnes
de la nature n'est que la reproduction de ce qui exis-
tait déjà avant nous. Tout ce qui vit se renouvelle
constamment sous les mêmes formes. Des races ont
pu disparaître ; d'autres ont pu subir avec le temps
des transformations par suite de croisement ou toute
autre cause accidentelle, mais on n'en a pas vu surgir,
de nouvelles. En remontant, pour chaque race, les
anneaux de la longue chaîne qui relie le présent au
passé, on voit au contraire que tous se ressemblent, et
l'on arrive de degré en degré à un type original qui
n'a pu se créer lui-même ; or toute chose créée suppose
forcément un créateur.

Sans recourir aux démonstrations de la haute philosophie, j'en vois cent preuves autour de moi. Ce
marbre que j'ai sous les yeux, et qui me sert de
presse-papier, pourrait à la rigueur être considéré
comme l'œuvre du hasard ; il est inerte, insensible ;
le soleil dont les rayons me chauffent si agréablement

en ce moment, lui importe peu ; mais moi qui prends
cet objet dans ma main, le retourne, l'examine et
cherche dans ma pensée quel rapport il y a entre lui
et moi comme créature, je ne puis être le produit du
hasard. Ma main et mon cerveau se refusent a le croire.
De plus, mon cerveau, c'est-à-dire le principe spi-
rituel qui dirige mon individu, me dit que tout créateur a un but, en créant, et il me cite comme exemple
ma montre qui s'étale en face de moi, comme une
belle voluptueuse, sur son support en velours bleu.
Elle te ressemble en plus d'un point, me dit-il ; comme
toi, elle fonctionne au moyen d'un mécanisme dissi-
mulé à l'intérieur, lequel détermine le mouvement et
les effets que tu remarques à l'extérieur. Ce mécanisme est le résultat d'une volonté, d'une combinai-
son ; tu n'en connais probablement pas l'auteur,
cependant tu ne doutes pas qu'il y en ait un, puisque
tu sais qu'une montre ne peut pas se fabriquer elle-
même. Tu ne peux douter non plus que cet ouvrier
inconnu n'ait eu un but, celui de faire tracer par son
œuvre la marche du temps. Remarque aussi, me dit
mon cerveau, que ce mécanisme, tout comme le tien,
a des exigences périodiques qui sont des conditions
sine qua non de sa vitalité. Si tu étais privé de la
nourriture dans laquelle tu puises le renouvellement
de tes forces, tu languirais, puis tu cesserais de vivre ;
il en est de même pour ta montre ; elle ne marche
qu'autant qu'une force motrice entretient sa vigueur,

en la remontant périodiquement, sans cela elle s'arrête. Eh bien, quand elle ne marche plus et qu'elle est rede- venue un objet mort, qui donc peut la remettre en mouvement? Est-ce la Vénus de Milo, sans vie et sans bras qui se trouve auprès d'elle?... réponds?.. comprends-tu maintenant que la vie et le mouvement ne peuvent être donnés ou rendus à un être, ou à un objet que par un créateur qui est lui-même vie et mouvement, et non par le hasard qui n'est ni l'un ni l'autre?

Mon cerveau, qui est très obstiné et qui se révolte à l'idée de procéder de la matière, ne s'en tient pas là; il veut absolument me convaincre jusqu'au bout.

Après m'avoir prouvé que toute créature suppose un créateur, et que tout créateur a un but, il veut en- core m'apprendre quel peut être ce but en ce qui me concerne.

Tu sais, me dit-il, pourquoi l'horloger a fabriqué ta montre, et tu ignorerais pourquoi tu as été créé?... allons! secoue ta torpeur et écoute ceci :

Crois-tu que le grand artiste, qui a si bien harmo- nisé tous les rouages de ton individu, l'ait fait par caprice et ne se soit donné la peine de fabriquer une machine aussi compliquée que l'est la tienne que pour la regarder d'en haut boire, manger s'agiter et la faire rentrer ensuite dans le néant? ce serait lui sup- poser bien peu d'intelligence. Moi, je prétends qu'il a sur toi des vues, car s'il en était autrement il n'aurait

pas établi de distinction entre l'homme et les autres
créatures. Ton chien ou ton cheval pourrait tout aussi
bien que toi raisonner science et philosophie. La
vapeur, l'électricité, ces merveilles de notre siècle,
auraient pu être inventées par un quadrupède quelconque tout aussi bien que par l'homme. Ne vois-tu
pas clairement que tu es une créature privilégiée,
considérablement supérieure aux autres, la seule qui
raisonne, et qu'enfin tout le reste de la création semble avoir été fait exprès pour toi? Lève la tête et vois
ce soleil resplendissant qui, lui aussi, a une mission
à remplir, — qui plus que toi profite de ses bienfaits?
Il chauffe aussi, me réponds tu, le coteau en face. —
Sans doute, mais s'il dore les fruits et les moissons
qui le couvrent, n'est-ce pas encore pour toi? Dis-
moi, en passant, si cet astre bienfaisant tient du hasard des fonctions aussi importantes et aussi nette-
ment définies?

Tu te plains souvent de ton sort, mais vois les
autres créatures et compare le leur ru tien. Consenti-
rais-tu, par exemple, toi qui aimes la bonne chère et
la variété dans les mets, à changer ton existence contre
celle de cette petite poule que tu nourris invariable-
ment avec la même graine et que tu tueras pour la
manger quand tu la jugeras suffisamment engrais-
sée?... Changerais-tu aussi ton sort contre celui d'un
malheureux limonier qui, emprisonné entre les énor-
mes brancards d'un lourd chariot chargé de pierres,

fait des efforts inouïs, s'écartèle, pour gravir sous les
jurons d'un rustre, une côte escarpée?... Prendrais tu
bien aussi, ne serait-ce que pour vingt-quatre heures
la place d'un cheval de fiacre poussif, dont les os per-
cent la peau, et à qui l'on demande quand même, à la
fin de la journée, une course qu'il est incapable de
fournir? J'ai vu de ces pauvres bêtes dont la fatigue et
l'engourdissement étaient tels qu'elles ne sentaient
plus les coups de fouet qu'on leur prodiguait au lieu
d'avoine. Ça t'irait-il? réponds, et dis-moi si tu n'es
pas le favori du Créateur, le roi de la création?

Ce privilège ne suffit-il pas pour te démontrer que
tu es prédestiné, et ne sens-tu pas qu'il t'impose des
obligations envers ton créateur? Il me semble que le
moins que tu puisses faire est de lui en témoigner ta
reconnaissance; tu le fais bien pour le plus vulgaire,
mortel quand il t'oblige. Si, au lieu de cela, tu te
montres indifférent, ingrat, il verra en toi une œuvre
mal réussie, et te laissera de côté. N'est-ce pas ainsi
que tu procèdes toi-même dans ta modeste sphère
d'action? Je veux t'en donner la preuve.

Tu as peint, avec mon concours et celui de ta main,
un certain nombre de tableaux originaux dans lesquels tu t'appliquais à faire aussi beau que la nature.
Que sont devenus, avec le temps, ces enfants de ton
imagination? En cherchant, je vois qu'ils ont une destinée bien différente. Les uns étaient médiocres, ils
ont roulé de brocanteur en brocanteur; j'en ai vu un à

l'étalage d'un juif de la rue de Provence, un passant
en offrait un vil prix.

D'autres plus mauvais encore, ce qu'on appelle
vulgairement croûtes, ont à peine vu la lumière. Les
trouvant indignes de toi, et regrettant tes couleurs et
ton temps, tu les as relégués dans un coin de ton atelier jusqu'au jour où, voyant qu'ils t'encombraient
inutilement, tu les as remis à Joseph pour en faire du
feu.

Mais ceux que tu as réussis, et que tu appelles tes
chefs-d'œuvre, tu te gardes bien de t'en défaire; ils
sont là autour de toi, disposés par ordre de mérite, tu
les contemple avec orgueil, tu les montres à tous les
amis. Quand tu déménages, tu présides à leur dépla-
cement, tu veilles à ce qu'il ne leur arrive rien de
fâcheux, tu as enfin mille soins pour eux, et tu prends
même de ton vivant des mesures pour qu'après ta
mort ils ne tombent pas entre les premières mains
venues.

Cette manière d'agir est rationnelle et commune
à tous ceux qui créent; tous anéantissent le mauvais,
dédaignent le médiocre, mais se passionnent pour les
œuvres qui leur font honneur. Or si l'homme, avec son
petit bon sens, établit ainsi instinctivement une distinction entre le bon et le mauvais, n'est on pas fondé
à croire que le créateur des créateurs établira de
même des catégories pour les œuvres et leur réservera
un sort en rapport avec leur mérite? Il serait en effet

insensé d'admettre que le juge suprême réservât la même destinée au scélérat dont il aura eu à rougir et à l'honnête homme qui aura passé sa vie dans la pratique du bien. Dieu, de qui nous vient la justice, ne peut être moins juste que nous!

Ce discours laisse sans réplique la partie de mon individu qui faisait de l'opposition. Je me dis enfin qu'en l'absence de preuves absolument certaines sur ce qui nous attend au delà du trépas, il est dans tous les cas préférable de suivre ici bas une ligne de conduite qui permette d'espérer une récompense s'il doit y en avoir une, plutôt que de vivre comme s'il ne devait y avoir pour nous d'autre issue que le néant.

Je ne sais si je suis dans le vrai, mais j'avoue qu'une fois pénétré de ce raisonnement, et après l'avoir rapproché des espérances que donne la philosophie chrétienne, j'ai éprouvé un immense soulagement; j'avais dès lors une boussole pour me guider, je me sentais plus d'aplomb, et la mort, que j'entrevoyais, dans d'autres temps, comme un hideux cauchemar, ne me semble plus qu'un événement ordinaire, devant venir à son heure tout comme un autre.

Je me suis si bien familiarisé avec cette idée qu'un de mes premiers soins, une fois installé dans mon ermitage, sera de retenir d'avance ma place dans le cimetière.

Pardon, chers lecteurs, de ce lugubre détail; si vous avez eu la patience de me lire jusqu'ici, veuillez me continuer votre bienveillance et me lire jusqu'au bout ; je ne vous dirai rien d'effrayant, peut-être même, si vous avez aimé, me saurez-vous gré des quelques lignes un peu sombres qui vont suivre. Ne faut-il pas d'ailleurs parler de tout, et puis une minute de mélancolie est souvent une bonne chose ; ça rompt la monotonie de l'existence, et la gaieté qui succède n'en est que plus vive et mieux sentie. Le soleil est-il jamais plus beau qu'au sortir d'un épais nuage qui l'a caché quelque temps à nos yeux ? Les farces du Palais-Royal nous amusent-elles jamais plus que lorsque nous avons entendu un drame à l'Ambigu ? Le contraste est nécessaire à la vie, c'est un de ses plus puissants stimulants.

Je dirai donc que le cimetière, cette dernière demeure de l'homme, dont plus d'un, en passant devant, détourne la tête, est pour moi un lieu rempli de poésie, de mystère et d'enseignements ; je n'y pénètre jamais sans qu'il m'inspire mille réflexions utiles. Je n'ai pas de goût pour ceux de Paris, ils m'attristent, car j'y retrouve le bruit, la cohue ; c'est encore la rue ; c'est aussi la règle, la symétrie ; c'est la vanité luttant pour empêcher la nature de reprendre ses droits, comme si c'était possible ; c'est le tarif administratif classant par catégories, selon l'argent versé, ici, ce qui fut l'opulence, là, ce qui fut la misère.

Mais au village, mon impression est tout autre ; le champ des trépassés me plaît, car c'est la mort sans

prétention comme je la comprends, c'est le repos dans
la tombe comme je le désire ; ici rien de répugnant,
c'est toujours la poétique et modeste solitude qui parle
à l'âme. Le cimetière est si modeste parfois qu'il dis-
paraît presque entièrement dans les blés ; et le
voyageur n'en soupçonnerait pas l'existence sans la
grande croix qui s'élève de son centre et appelle
l'attention ; les morts sont la en petit comité, en famille, et comme dans un jardin, car les bleuets, les
coquelicots et les marguerites croissent sur les tombes.

Ailleurs, sur le penchant de la colline, on voit briller au soleil, entre une vigne et un champ de trèfle,
ses rangées de croix, et ses vieux murs dégradés sur
lesquels la giroflée sauvage croît en liberté. Quelque
chose nous dit qu'on doit bien reposer là Un peu de
désordre règne bien dans ces sépultures de campagne,
les grandes herbes envahissent les allées et les tombes, cachent les noms ; mais, peu importe, les survi-
vants connaissent par cœur la place de ceux qui ne
sont plus.

Ah ! le champ du repos n'est pas pour tous un lieu
d'effroi ! Quand ce bourreau que rien ne touche et qu'on
appelle la mort, nous a ravi brutalement la créature
qui nous était la plus chère, et creusé dans notre âme
un vide affreux qui l'épouvante, le cimetière devient
pour nous un besoin, une nécessité, nous n'y allons
pas, nous y courons ! Et ne nous est-il pas arrivé, après
des nuits cruelles passées dans le chagrin et les lar-

mes, de compter fébrilement les heures qui nous sépa-
raient du jour pour aller coller nos lèvres sur la pierre
qui nous cache l'objet aimé qu'on sait là, à quelques
pieds au-dessous de soi! Que ceux qui ont passé par
là me disent s'il n'est pas vrai que ce besoin est quelquefois si violent qu'on étoufferait s'il n'était satisfait!

Oui, j'aime les cimetières, un surtout; ma mère y
repose, et j'y ai entendu le rossignol chanter près de
la tombe d'une jeune fille. Pauvre Cécile! Seize ans
et mourir!!... C'est pour toi que ce chanteur ailé était
venu en pareil lieu; tu aimais tant les oiseaux, et tu
chantais si bien! qui m'aurait dit, belle mignonne, que
l'enceinte où tu dors aurait un jour ses murs crénelés
et deviendrait un champ de bataille; que la grosse
voix du canon troublerait ton repos, et que l'étranger
aux instincts pillards, et à la lour de botte, piétinerait sur
tes cendres! Oh! la guerre, la guerre!... Elle ne res-
pecte rien! Que Dieu m'épargne semblable humiliation,
qu'il veuille que l'herbe qui croîtra autour de ma
tombe ne soit foulée que par des pieds amis, par de
bons villageois qui auront conservé le souvenir de mes
bienfaits et surtout par celle que j'aime tant! Qu'il
fasse que je n'entende d'autre bruit que la voix plain-
tive du vent dans les cyprès, le murmure des eaux de
la Seine, et la clochette des troupeaux qui passent
près du mur, dans le petit sentier à l'aurore, pour aller paître dans la forêt, et au soleil couchant, pour
rentrer à l'étable.

6

Voilà toute mon ambition, voilà mon rêve de bonheur ; il est bien simple puisqu'il se résume en ceci : Vivre honnêtement, faire un peu de bien et reposer en paix en laissant derrière moi quelques regrets. Et si un jour le fossoyeur de mon village, roulant mon crâne avec sa bêche, est interrogé par un nouvel Hamlet, il pourra répondre à l'indiscret : Celui-ci ne fut ni un grand roi ni un puissant seigneur; il n'a pas gagné des batailles ni conquis des provinces, il fut tout simplement un homme de bien qui aima son Dieu, sa patrie, son semblable !

FIN

SCEAUX — IMPRIMERIE CHARAIRE ET FILS.

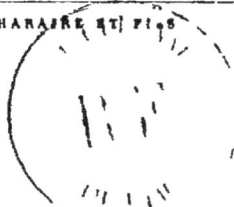

www.ingramcontent.com/pod-product-compliance
Lightning Source LLC
Chambersburg PA
CBHW070904280326
41934CB00008B/1578